野菜、豆、
発酵食品が
たっぷりとれる

毎日食べたい
いまどき
精進ごはん

青江覚峰

はじめに

私が住んでいる浅草という地域は、日本を代表する観光地のひとつ。日々、世界中から多くの人々が訪れます。

浅草に来てくれた人たちが、とりわけ楽しみにしているのが食事です。実際、食べ歩きのお店には長い行列ができ、人気店は連日予約で満席。遊びに来てくれた知人のＳＮＳを覗《のぞ》いても、シェアされている画像のほとんどが食べ物で埋まっています。

旅行といえば、ショッピングやアクティビティ、人との交流、最近では様々な撮影など楽しみ方は人それぞれ。その中で、すべての人が必ず体験するのが「食」ですから、その部分で喜んでもらえることは住人としても嬉《うれ》しいものです。

ところが、最近こんな声が聞かれるのです。

「ベジタリアン対応のお店が少ないね」
「ハラルフードのお店はどこにあるの？」
「本当に動物性のものが使われてないか、不安」

なるほど、誰にとっても必要なものだからこそ、食事面での不安は見過ごせません。ではどんな工夫をすれば、すべての人に安心して食事を楽しんでもらえるでしょうか。

世の中には多くの文化があり、宗教があり、それによって食事上のルールが決まっていることもあります。

イスラム教徒の人々にとっての豚肉や、ヒンドゥー教徒における牛肉など「食べてはいけないもの」が定められていたり、逆に、敬虔なユダヤ教徒のコーシャなど「食べてもよいもの」が決められていることもあります。

また、宗教上のルールでなくとも、ベジタリアンなど自ら食生活に制限を設け、それをライフスタイルとして大切にしている人も大勢います。

せっかく日本での食事を楽しみに訪れてくれたのであれば、できるだけいい思い出を作って帰ってもらいたいものですが、それは簡単なことではありません。

様々な戒律や嗜好に一つひとつ対応していこうにも、一体どのような文化、宗教が何を禁忌としているのかを正しく把握することはとても難しいからです。ライフスタイルによる食の嗜好への対応も同様です。


そんな中、精進料理が大きな注目を集めています。


精進料理では、肉や魚といった動物性のものを使いません。さらに、野菜の中でもねぎやにらなど、用いることができないものがあり、様々な食の様式の中でももっとも禁忌とする食材が多いもののひとつです。

つまり、精進料理ならおよそすべての人が安心して食事をとることができるということ。世界中のあらゆる文化圏の人に食べてもらえる、いわば「食のユニバーサルデザイン」。

異なる宗教、文化、思想、ライフスタイルを持つ人々が同じテーブルにつき、文字どおり「同じ釜の飯を食う」仲間となれる、それが精進料理なのです。


一方、仏教的思想に基づき「できるだけ無駄を出さない」調理法が、近年強く謳われるＳＤＧｓの価値観に適《かな》うとし、フードロス削減の取り組みにも活用されることがあります。

加えて和食＝ヘルシーという印象から、健康志向の人々の間でも高い関心を集めています。


日本のみならず世界中の人々から注目され、期待を集めている精進料理ですが、もしかすると「ものすごく手間がかかりそう」「特別な道具が必要そう」といったイメージを持っている人もいるかもしれません。

でも、大丈夫です。

肉と魚、それといくつかの野菜を使わないのが精進料理。使ってはいけないものはあっても、使わなければいけないものはありません。難しい技術も必要ありません。


ただひとつだけ、必ず必要なものがあります。

それは「料理をするときの心がけ」。

例えば、食材を大切に扱うこと。

例えば、食材を育ててくれた人に感謝すること。

例えば、食べてくれる人のことを思いやること。

ただ作業として料理をするのではなく、目の前の食材と、そこから生まれる料理に思いを及ばせ、心静かに「食」と向かい合う——。

精進料理に必要なのはそれだけです。


私たちは皆、「食」を通して数え切れないほどたくさんの人とつながっています。

精進料理を知ることで、「制約」が心を縛る鎖ではなく、人と人とをつなぐ糸にもなることを感じてもらえたら幸いです。

この本の表記について

○大さじ１は15㎖、小さじ１は５㎖、１カップは２００㎖です。

○フライパンは、特に表記がない場合は直径26㎝のものを使っています。

○電子レンジの加熱時間は６００Ｗのものを基準にしています。５００Ｗの場合は1.2倍、７００Ｗなら0.8倍を目安に加熱してください。なお、機種によって異なる場合があります。

○落としぶたは、材料の上に直接ふたをのせることで、少ない煮汁でも効率よく全体にいきわたらせることができます。ペーパータオルやアルミホイル、木製のものなどを使います。

○材料表に「だし汁（精進）」とある場合は「昆布２：しいたけ１の合わせだし」を使っていますが、ほかのだし素材（Ｐ８）で家にあるものを使っても構いません。

○大豆ミートには「乾燥タイプ」と「そのまま使えるタイプ」があります。乾燥タイプは、袋の表示に従ってもどしてから使ってください。

○揚げ油の温度は、油を熱したフライパンや鍋の底に乾いた菜箸を当て、チェックします。

・低温（１６０〜１６５℃）／ひと呼吸おいてから、ゆっくりとまばらに、菜箸の先から細かい泡が出る程度。

・中温（１７０〜１８０℃）／菜箸の先から細かい泡がシュワシュワッとまっすぐ出る程度。

もくじ

だしの話

料理の味わいを支えるだし。
昆布やしいたけのほか、野菜の皮も立派なだし素材になります。

精進だし

いちばんの特徴は、かつお節やいりこといった動物性の素材を使わないこと。この本では、材料表に「だし汁（精進）」とあるときは「昆布２：しいたけ１」の割合の合わせだしを使っています。とはいえ、必ずこのだしを使わなくてはいけないということはなく、そのとき家にあるものを使っても構いません。好みのだしを見つけて、自由に楽しみましょう。

【だしの素材】

※は水１ℓに対する使用量の目安。

野菜の皮

よく使うのはにんじん、大根、アスパラガスの皮など。よく洗ってむいた皮を使います。捨ててしまいがちな部分を使うことで、ゴミを減らしてSDGsにもつながります。※乾燥したもの10g。

干ししいたけ

干ししいたけのもどし汁もだしになります。※10個。

昆布

おなじみの昆布だし。精進だしのベースとしても使います。※20g。

大豆

火を加えるとだしがやや白くなるので、透明感が欲しい料理には不向きです。※100g。

わかめ

乾燥わかめはそのまま、塩蔵わかめは流水で洗って水に浸し、塩抜きして使います。※乾燥で大さじ１（約3g）。

【だしのとり方】

昆布、干ししいたけ
わかめ、野菜の皮

ボールにだしの素材を入れ、たっぷりの水を注ぐ。
そのまま一晩おけばでき上がり※。

大豆

大豆を鍋に入れて中火にかけ、15分からいりする。

ボールに入れ、たっぷりの湯を注いで一晩おく※。

※夏期は冷蔵庫に入れて一晩おく。

「精進ごはん」の定番食材

私が普段からよく使っている食材をご紹介します。
単においしいだけでなく、食べてはいけないもの（P 88）の
代わりに栄養を補ったり、味わいを増す役割を
果たしてくれるものを積極的に選ぶようにしています。

麩

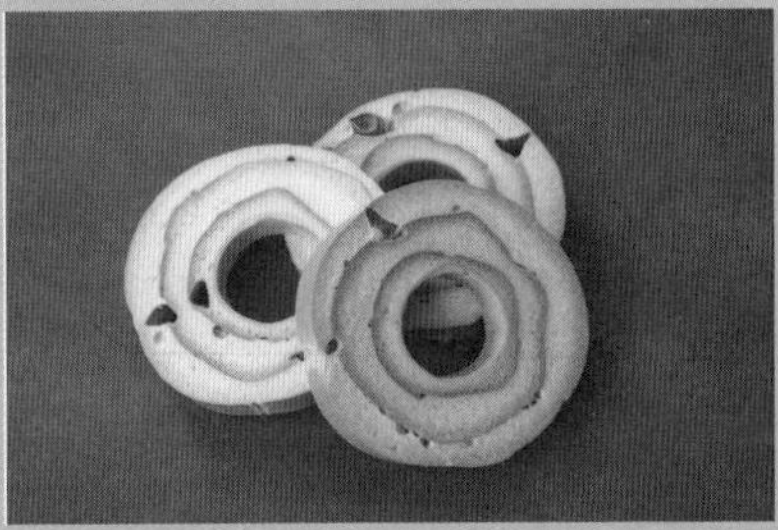

全国各地に様々な種類がある麩。特に、生地を棒に巻きつけて焼いた「車麩」は料理にボリューム感を、油で揚げた「油麩」はコクを加えてくれてかなり重宝。肉の代わりとしてよく使います。焼き麩は長く保存できるので、常備しています。

豆腐

たんぱく質がとれるうえ料理にボリュームが出るので、肉の代わりとしてよく使います。幅広い調理法や味つけに合う、使い勝手のいい食材です。豆腐を揚げた油揚げや厚揚げは、コクがある分さらに満足度をアップしてくれます。

高野豆腐

豆腐を凍らせて乾燥させたもの。調理するとスポンジのように汁を吸って独特の弾力が出ます。保存がきくので常備しておくと便利。

ごま

野菜中心の食生活で不足しがちな脂質を多く含み、料理にコクをプラスしてくれます。白が多いですが黒を使うこともあり、形状（いりごま、すりごま、練りごま）は料理に合わせて選びます。香ばしい風味も魅力です。

豆

世界各地で栽培されていて、種類が多く栄養価も高い豆。昔ながらの乾物のほか、スーパーに行けば、缶詰やドライパックなど使いやすいタイプも見つかります。煮たり、ペーストにしたり、汁ものに入れたりといろいろな調理法に使えます。

ナッツ

脂質、食物繊維、ミネラル、ビタミンなど栄養が豊富。くるみやアーモンドをはじめ、カシューナッツやピスタチオなど、料理に合わせていろいろな種類を使います。料理にコクを加えてくれるほか、個性豊かな風味や食感がアクセントになります。

大豆ミート

肉の代替食品として、最近ではより広く知られるようになりました。大豆の油分を搾り、加熱、加圧、乾燥させて作られています。もどして使う乾燥タイプとそのまま使えるタイプがあり、写真のようなミンチ以外に、ブロックやスライスしたものもあります。

こんにゃく

独特の食感でかみごたえがあるので、肉の代わりに使うことがあります。食物繊維やカルシウムなどを多く含むのもいいところです。

きのこ

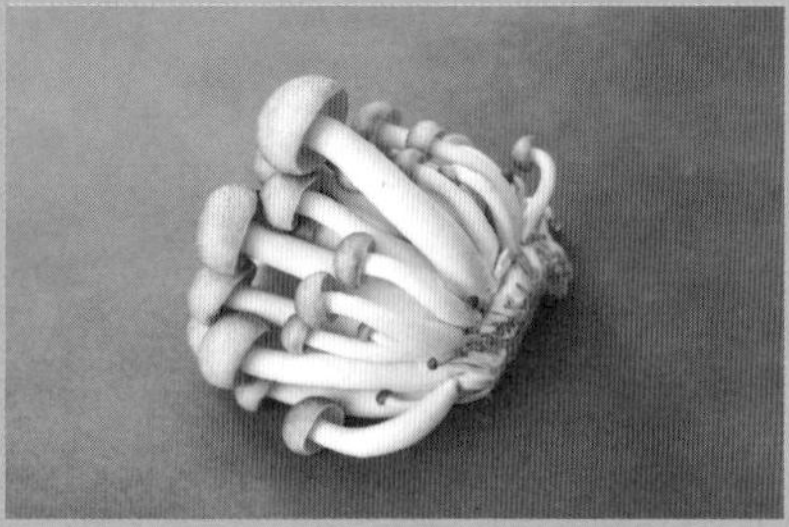

旨味成分を含み、煮ものに炒めものにと使い勝手のいい食材です。むちむちとした食感があるので、刻んで肉の代わりに使うことも。生しいたけは切り分けた軸も捨てずに使います。

セロリ

にんにくやねぎのように香りを立たせたいときは、代わりにセロリを。使いみちに困りがちな葉っぱも残さず使います。

ドライフルーツ

いちじく、クランベリー、レーズンなど何種類か常備しています。濃縮された旨みが、料理のアクセントになったり、味わいを引き上げたりしてくれます。フルーツではありませんが、ドライトマトもあると便利です。

ビーツ

鮮やかな色が料理に彩りを添えてくれるビーツ。栄養が豊富で、カリウムや鉄分、葉酸などを含みます。切り分けた茎や葉、むいた皮も無駄にしないで使います。

スパイス

料理に深みを出してくれるスパイス。香りや味わいがそれぞれに個性的で楽しく、キッチンにはたくさんのスパイスを常備しています。使う頻度が特に高いのは、ターメリック、クミン、オールスパイスです。

この本で使っている調味料

基本的な調味料に加えて、
お気に入りの食材を調味料のように使うこともあります。
いずれも私の「精進ごはん」に欠かせないものばかりです。

（後列左から時計回りに）

■濃口しょうゆ・薄口しょうゆ

しょうゆは濃口と薄口の2種類を常備。いくつかのメーカーの中から、その時々で手に入りやすいものを選びます。「写真の濃口しょうゆは好みの味で、じっくり火を通しても負けない旨みが特徴です。煮ものやめんつゆの返しなどに。この薄口しょうゆは香りがよいので、あえものなど火を通しすぎないようにさっと作って食べる料理に最適。食材の色を生かしたいときにも薄口を使います」（青江さん。以下同）。

■「プラス糀 米糀ミルク」（マルコメ）

米麹由来の発酵飲料でアレルギー物質（特定原材料等28品目）を含みません。料理にまろやかさと甘みをプラス。「柔らかな自然の甘みが嬉しい米のミルク。豆乳のように使い勝手がよく、日常使いにも」。

■「プラス糀 糀甘酒」（マルコメ）

米と米麹でつくったアルコール分０％の甘酒。米の自然な甘みを生かして砂糖の代わりに用います。「コクと甘みがちょうどよく、煮込み料理などに少し入れるだけで味に深みが出ます」。

■「龍神梅」（龍神自然食品センター）

無農薬、無化学肥料で栽培した梅としそを使って、無添加で作る梅干し。そのまま食べるだけでなく、あえごろもなどにも使います。「塩としそだけで漬ける昔ながらの製法。シンプルながらも絶妙な塩加減は、まさに『いい塩梅《あんばい》』！」。

■ごま油

手に入りやすいものを選び、小さめのびんのものを新鮮なうちに使いきります。「ごまの香りが鮮烈で、少量でも深い香ばしさがアクセントになります」。

■「プラス糀 生塩糀」（マルコメ）

酵素の働きで素材の旨みを引き出す万能調味料。クセがないので様々な料理に使えます。「肉をしっとり柔らかくする塩麹は、実は野菜とも相性抜群。野菜の甘みを引き出します」。

■「海人の藻塩」（蒲刈物産）

広島県呉市の塩。瀬戸内の海水とホンダワラ（海藻）から作られています。「海藻の旨みを含んだまろやかな塩味が特徴。百人一首にも登場する藻塩で、復活させたのは広島のご住職です」。

■「料亭の味 白みそ」（マルコメ）

淡いクリーム色となめらかな舌ざわりが特徴的。「甘みの具合がちょうどいいみそです。みそのコクをたしつつ、色みは抑えたいときに活躍します」。

■「プラス糀 生みそ 糀美人」（マルコメ）

国産米、国産大豆１００％と米麹をぜいたくに使った生みそ。やさしい甘みと深い旨みが特徴。「香りがよく、みそ汁に最適。沸騰させると香りが損なわれてしまうので注意しましょう」。

こちらも愛用

■「魚沼産コシヒカリ使用 糀みつ」（魚沼醸造）

麹甘酒を濃縮させた発酵甘味料。砂糖やみりんの代わりに。「米と麹だけで作られたみつです。後を引かない上品な甘みで、いろいろな料理に活躍します」。

魚沼醸造　https://www.uonuma-jozo.co.jp
蒲刈物産　https://www.moshio.co.jp
マルコメ　https://www.marukome.co.jp
龍神自然食品センター　https://ryujinume.com

PART 1

おなか満足主菜

精進料理の考え方をベースに、
いつもの食卓に
なじむ主菜を考えました。
肉や魚を使わなくても
しっかり満足感がありつつ、
食べたあとの体はどこか軽やか。
心も体も満たされる、
静かでやさしい味わいです。

精進ハンバーグ

肉の代わりに
大豆ミートとナッツを使って、
食べごたえのある「ハンバーグ」を作りました。
スパイスがほのかに香るエスニック風味に、
青じそと大根おろしがよく合います。

材料（2人分）

◯たね
大豆ミート（乾燥・ミンチタイプ）…50g
カシューナッツ（無塩・いったもの）…20g
アーモンド（無塩・いったもの）…10g
小麦粉…大さじ1と½
ドライオレガノ、パプリカパウダー…各小さじ1
オールスパイス、塩…各小さじ½
ナツメッグ…少々

大根…2㎝
青じそ（軸を切る）…2枚
オリーブオイル　しょうゆ

作り方

1 鍋にたっぷりの湯を沸かし、大豆ミート、カシューナッツ、アーモンドを入れて7分ほどゆでる。ざるに上げて水けをきる。

2 たねの材料を、フードプロセッサーなどでよく撹拌する。半量ずつに分け、小判形に整える。

3 フライパンにオリーブオイル大さじ2を中火で熱し、**2**を入れて両面を焼き色がつくまで焼く。

4 大根は皮をむき、すりおろして水分をきる。器に**3**を盛り、青じそ、大根おろしをのせてしょうゆ少々をかける。

山いものハンバーグ

すりおろした山いも独特の
むっちりとした歯ごたえに、
こんにゃくが弾力を、くるみがコクを加えて
満足感をさらにアップします。
トマトソースの酸味で、さっぱりとどうぞ。

材料（2人分）

◯たね

山いも…150g
こんにゃく（アク抜きしたもの）…30g
くるみ（無塩・いったもの）…20g
焼き麩…10g
小麦粉…大さじ1と½
ごま油…大さじ1
塩…小さじ½

好みでパセリ…適宜
ごま油

◯トマトソース（作りやすい分量）

カットトマト缶詰（400g入り）…½缶
糀みつ※…大さじ1
みりん…大さじ3
酢…大さじ1
塩…小さじ½
水…¼カップ

作り方

1 鍋にトマトソースの材料を入れて中火にかける。煮立ったら弱火にして、混ぜながら¾くらいの量になるまで煮る。

2 山いもは皮をむく。たねの材料を、フードプロセッサーなどでよく撹拌する。半量ずつに分け、小判形に整える。

3 フライパンにごま油大さじ2を中火で熱し、**2**を入れて両面を焼き色がつくまで焼く。

4 器に盛って**1**を適宜かけ、好みでパセリを添える。

※ないときはメープルシロップでもOK。

報恩講の炊き合わせ

「報恩講《ほうおんこう》」とは、
浄土真宗を開いた親鸞聖人の
祥月命日に行われる法要。
島流しになった際の
旅姿を模し、しいたけを笠、
ごぼうを杖、
厚揚げをわらじに
見立てています。

材料（2人分）

生しいたけ…4個
にんじん（大）…½本（約100g）
ごぼう…½本（約100g）
厚揚げ…1枚（約150g）
きぬさや…4枚

◯煮汁
だし汁（精進）…1カップ
しょうゆ…大さじ3
酒、みりん…各大さじ2
砂糖…小さじ1

作り方

1 しいたけはかさと軸を切り分け、軸は石づきを切って、とりおく。にんじんは皮をむいて乱切りにし、面取りをしてさっとゆでる。ごぼうは皮をこそげ落とし、長さ5㎝に切ってさっとゆでる。厚揚げは食べやすい大きさに切り、熱湯を回しかけて油抜きをする。きぬさやはへたと筋を取ってさっとゆで、水けをきる。

2 鍋にしいたけ、しいたけの軸、にんじん、ごぼう、厚揚げと煮汁の材料を入れて中火にかける。煮立つ直前に弱火にして10分ほど煮る。

3 器に盛り、きぬさやをのせる。

小豆汁

これも
「報恩講」のお供え物。
やさしい塩けが
豆の甘みを引き立てます。

材料（２人分）

小豆…20g
絹ごし豆腐…40g
だし汁（昆布）…１カップ
好みで三つ葉　…適宜
みそ

作り方

1 鍋に小豆とたっぷりの水を入れて火にかけ、煮立ったら中火にして 15 分ほど煮る。小豆をざるに上げて水けをきる。

2 鍋に小豆を戻し、たっぷりの水を加えて中火にかける。水分が半量になったら水をたし、アクを取りながら、柔らかくなるまで 30 ～ 40 分煮る。ゆで汁を１カップとりおき、小豆はざるに上げて水けをきる。

3 豆腐は１㎝角に切る。鍋に小豆のゆで汁とだし汁を入れて中火にかけ、小豆と豆腐を加えてさっと煮る。みそ大さじ２を溶き入れて火を止め、器に盛る。好みで三つ葉を飾る。

大根の田楽

だしをとったあとの「だしがら」も、
まだ十分に風味が感じられます。
これをみじん切りにして、
田楽みそに混ぜてみました。
ほどよく残った食感もアクセントに。

だしをとったあとの素材は、水けをきってみじん切りに。

材料（２人分）

大根…⅓本（約 300g）
だしをとったあとの食材（ここでは、昆布、
大豆、干ししいたけ。あるもので OK）…適宜

◯煮汁
だし汁（精進）…２カップ
みりん…大さじ１
しょうゆ…小さじ２

◯田楽みそ
みそ…大さじ２
砂糖、みりん…各大さじ１
大根の煮汁…大さじ１と½

作り方

1 大根は皮をむき、幅 1.5㎝の輪切りにする。面取りをし、片面だけ浅く十字に切り目を入れる。鍋に入れ、かぶるくらいの米のとぎ汁（水でも OK）を加えて透き通るまでゆでる。だしをとったあとの食材はみじん切りにする。

2 別の鍋に大根、煮汁の材料を入れて弱火にかけ、煮立ったら落としぶた（P５）をして 10 分ほど煮る。煮汁は大さじ１と½をとりおいて田楽みそに使う。

3 小鍋に田楽みその材料を入れて弱火にかけ、混ぜる。だしをとったあとの食材を加えてさらに５分ほど煮る。

4 大根を器に盛り、**3** をのせる。

ミックスビーンズのみそトマト煮

みそとトマトは相性ばっちり。
旨み同士をかけ合わせつつ
トマトの酸味をきかせることで、
満足感たっぷりに仕上げました。
ミックスビーンズの
ころころ食感が楽しい一皿。

材料（2人分）

ミックスビーンズ（ドライパック）…60g
カットトマト缶詰（400g入り）…½缶
しょうが汁…小さじ½
みそ　みりん

作り方

1 鍋にトマト、みそ大さじ½、みりん小さじ1を入れて混ぜ、弱火にかける。ふつふつとしてきたら、ミックスビーンズとしょうが汁を加えて混ぜる。

2 煮立ったら、さらに5分ほど煮る。

じゃがいものガレット

おなじみのガレットを
バターやチーズなど
動物性油脂を使わず
軽やかに仕上げました。
ドライいちじく&トマトの
旨みが詰まった
ソースで召し上がれ。

材料（直径約11㎝×２枚分）

じゃがいも（大）
…２個（約400g）
いちじくとトマトのソース
（左下参照）…適宜
好みでルッコラや
ベビーリーフ…適宜
塩　こしょう　片栗粉
オリーブオイル

作り方

1 じゃがいもは皮をむいてせん切りにし、ボールに入れる。塩、こしょう各少々をふり、よく混ぜて５分ほどおく。焼く直前に片栗粉少々を全体にまぶす。

2 フライパンにオリーブオイル大さじ２を中火で熱し、**1**の半量を薄い円形に広げて焼く。両面をそれぞれ５分ずつ、こんがりと色づくまで焼く。残りも同様に焼く。

3 器に盛ってソースを塗り、好みでルッコラやベビーリーフをのせる。

［ いちじくとトマトのソース ］

材料（作りやすい分量）と作り方

1 ドライいちじく20g、ドライトマト５gはみじん切りにする。

2 フライパンにオリーブオイル大さじ１と**1**を入れて弱火にかける。ジリジリと音がしてきたら、塩ひとつまみ、白ワイン大さじ２を加えてよく混ぜながら炒める。

3 煮立ったらさらに３分ほど炒め、白こしょう少々をふって混ぜる。ジャム程度の柔らかさになるまで煮る。

清潔な保存容器に入れ、冷蔵で１週間ほど保存可能。

マッシャーがなければフォークなどでつぶしても OK。

里いものコロッケ

甘く煮て、ねっとり
柔らかな里いもと、
サクサクころもの
コントラストがたまりません。

材料（6個分）

里いも（小）
　…4個（約 200g）

◯煮汁
だし汁（昆布）…½カップ
薄口しょうゆ、みりん
　…各大さじ2
砂糖…小さじ1

塩　こしょう　片栗粉
小麦粉　パン粉　揚げ油

作り方

1 里いもは上下を少し切り、切り口から縦に皮をむく。ボールに入れて塩大さじ½を加え、よくもみ込んで水を注ぐ。水を2～3回替え、水がほぼ透明になるまで洗う。水けをきり、ペーパータオルで拭いてぬめりを取る。鍋に重ならないように並べ入れ、米のとぎ汁（水でも OK）を里いもが浸るくらいまで加える。中火にかけ、煮立ったら3分ほど煮て、ざるに上げて水けをきる。

2 鍋に里いも、煮汁の材料を入れて中火にかける。ふつふつとしてきたら弱火にし、落としぶた（P 5）をして 15 分ほど煮る。里いもに竹串がすっと通るくらい柔らかくなったら、強火にして汁けがなくなるまで煮つめる。

3 熱いうちにマッシャーなどでつぶし、味をみてたりなければ塩、こしょう各少々で味をととのえる。粗熱が取れたら6等分して俵形にし、片栗粉適宜をまぶす。小麦粉、水各大さじ2を混ぜ合わせた水溶き小麦粉にくぐらせ、パン粉適宜をまぶす。

4 フライパンに揚げ油を中温（P 5参照）に熱し、**3** を入れてきつね色になるまで揚げる。

車麩の角煮もどき

だしのきいた合わせ調味料を吸った
車麩が、しっかり味でご飯によく合います。
焼いただけででき上がりなので、
時間をかけて煮込む必要もありません。

肉厚の車麩は、肉顔負けの満足感ある食べごたえ。

材料（2人分）

車麩（大）…2個
青梗菜《チンゲンツァイ》…1株

◯合わせ調味料
だし汁（精進）…½カップ
砂糖…大さじ½
しょうゆ、酒…各大さじ1
五香粉《ウーシャンフエン》…少々

ごま油

作り方

1 車麩はボールに入れ、たっぷりのだし汁（昆布・分量外）につけてもどす。水けをしっかりと絞って4等分に切る。

2 青梗菜は4つ割りにする。鍋に湯を沸かして青梗菜を入れ、さっとゆでて水けをきる。

3 フライパンにごま油大さじ2を中火で熱して車麩を入れ、両面に焦げ目がつくまで焼く。

4 弱火にして、フライパンのあいたところに**2**を入れて焼く。合わせ調味料の材料をよく混ぜてから、車麩と青梗菜に少しずつかけてなじませる。

豆腐のおかず

肉や魚に代わる優秀な栄養源として、料理にボリュームを出してくれる食材として、何かと頼りになる豆腐。淡白な味を生かして、焼いたり蒸したり揚げたりと様々なアレンジが楽しめます。

豆腐ステーキきのこソースがけ

香ばしく焼いた豆腐にソースをからめ、
きのこの旨みをまとわせます。
きのこは何種類か混ぜて、
食感や見た目に変化をつけて。
水きりをした豆腐は目が詰まって
食べごたえ十分。

材料（2人分）

木綿豆腐（小）…1丁（約200g）

◯きのこソース
しめじ、まいたけ、生しいたけ
（好みの分量で混ぜる）…合わせて50g
だし汁（精進）…½カップ
しょうゆ、みりん…各大さじ2
片栗粉…大さじ1

サラダ油　塩　こしょう　小麦粉　ごま油

作り方

1 木綿豆腐は2等分に切って厚みを半分に切る。ペーパータオルで二重に包み、皿などで重しをして20分ほどおき、水けをきる。しめじは石づきを切り、小房に分ける。まいたけは食べやすくほぐす。しいたけはかさと軸を切り分け、軸は石づきを切って細かく裂き、かさは薄切りにする。器に片栗粉、水大さじ1を混ぜ合わせ、水溶き片栗粉を作る。

2 きのこソースを作る。フライパンにサラダ油大さじ1を中火で熱し、しめじ、まいたけ、しいたけを入れて炒める。しんなりしたらだし汁、しょうゆ、みりんを入れ、煮立ったら弱火にする。水溶き片栗粉をもう一度混ぜてから加え、よく混ぜる。

3 豆腐に塩、こしょう各少々と、小麦粉大さじ3をまぶす。別のフライパンにごま油大さじ1と½を中火で熱し、豆腐を入れて両面に焼き色がつくまで焼く。

4 器に**3**を盛り、**2**をかける。

ロールキャベツみそ仕立て

和風のロールキャベツです。
里いもと豆腐で
ボリュームを出したたねは、
ふわふわのやさしい食感が特徴的。
煮汁が中までしっかりしみて
ジューシー＆満足感あり！

大きめの葉で包むのがおすすめ。つま楊枝などで留めなくても大丈夫。

材料（２人分）

キャベツの葉（大）…４枚

◯たね
木綿豆腐…80g
セロリの茎…⅓本分（約 30g）
里いも（小）…４個（約 200g）

◯煮汁
だし汁（精進）
…１と½カップ
塩…小さじ½
こしょう…少々

オリーブオイル　塩
こしょう　みそ

作り方

1 豆腐はペーパータオルで二重に包み、皿などで重しをして 20 分ほどおき、水けをきる。キャベツの葉は２分ほどゆでて水けをきる。芯は薄くそぎ、みじん切りにする。セロリは筋を取ってみじん切りにする。里いもは皮をむいて２～３等分に切り、柔らかくなるまでゆでる。水けをきり、ボールに入れてマッシャーなどでつぶす。

2 フライパンにオリーブオイル大さじ１を中火で熱してキャベツの芯、セロリを入れ、塩小さじ¼、こしょう少々をふって炒める。火を止めて里いもを加え、混ぜる。粗熱が取れたら豆腐を加えてくずしながら混ぜ、４等分にする。

3 キャベツの葉にたねをのせ、手前、左右の順に内側に折りこみ巻く。

4 直径 20㎝くらいの鍋に、煮汁の材料と **3** を包み終わりを下にして入れ、中火にかける。煮立ったら弱火にしてみそ大さじ２を溶かし入れ、さらに 10 分ほど煮る。

飛龍頭ととうもろこしのすり流し椀

もっちりと食べごたえのある
「飛《ひ》龍《りょう》頭《ず》」、別名がんもどき。
残り野菜やだしがらなども
混ぜ込みました。
あっさり味のすり流しになじんで
コクを加えます。

とうもろこしは芯も煮出して風味豊かに。

材料（2人分）

とうもろこし…1本
木綿豆腐…½丁（約150g）
山いも…30g
野菜の皮など余り食材
（ここでは、だしをとった
あとの昆布、にんじんの皮、
セロリの葉など。
あるものでOK）
…合わせて30g
白いりごま…少々

A 片栗粉…大さじ2
砂糖…小さじ1
みそ…小さじ½
塩…少々

塩　小麦粉　揚げ油

作り方

1 すり流しを作る。とうもろこしの粒を2～3列ずつ包丁で削いで芯からはずす。

2 鍋に水2カップを入れて中火にかけ、沸騰したらとうもろこしの粒と芯を入れて10分ほど煮る。

3 湯が半量くらいになったら芯を取り出し、ハンドブレンダーなどで粒がなくなるまで撹拌する。裏ごしして塩少々を加える。裏ごしで残ったとうもろこしはとりおく。

4 飛龍頭を作る。豆腐はペーパータオルで二重に包み、皿などで重しをして20分ほどおき、水けをきる。余り食材はみじん切りにする。山いもは皮をむき、ボールにすりおろす。

5 山いものボールに豆腐をくずして加え、余り食材、**3**のすり流しをこした残り、**A**を加えてよく混ぜる。2等分して丸くまとめる。

6 フライパンに揚げ油を中温（P5参照）に熱し、**5**に小麦粉を薄くまぶしながら入れる。ときどき返しながら、きつね色になるまで揚げて油をきる。

7 器に**6**を盛り、**3**を温めてから注ぎ入れる。仕上げにごまをのせる。

焼き餃子のスープ仕立て

おいしさの秘密は、
キャベツのシャキシャキ食感と
セロリの個性的な風味。
グリーンピースのスープが、
さらに満足度をアップします。
スープは、そのまま汁ものとして食べても○。

材料（2人分）

絹ごし豆腐…50g
セロリの茎…⅓本分（約30g）
キャベツの葉（小）…1枚（約30g）
餃子の皮…6枚

グリーンピース（生または冷凍）…150g
だし汁（精進）…1カップ
調整豆乳…½カップ

A おろししょうが…小さじ½
しょうゆ…小さじ½
塩…ひとつまみ
こしょう…少々

B 塩…ひとつまみ
みりん、薄口しょうゆ…各大さじ1

塩　小麦粉　ごま油

作り方

1 餃子を作る。豆腐はペーパータオルで二重に包み、皿などで重しをして20分ほどおき、水けをきる。セロリは筋を取り、キャベツの葉とともに粗いみじん切りにしてボールに入れる。塩ひとつまみをふってもみ、15分ほどおく。

2 キャベツとセロリを絞り、水けをきる。豆腐、小麦粉小さじ1、**A**を加えてよく混ぜる。餃子の皮に⅙量ずつのせて包む。

3 スープを作る。鍋に湯を沸かし、グリーンピースを入れて5分ほどゆでる。水けをきって粗熱を取り、だし汁とともにミキサーなどで撹拌する。

4 フライパンにごま油大さじ1を中火で熱し、餃子を並べる。底が浸るくらいの水を入れてふたをし、3～5分蒸し焼きにする。

5 **3**を鍋に入れて中火にかけ､煮立ったら火を止めて豆乳を加える｡**B**を加えて混ぜる｡

6 器に**4**を盛り、**5**を注ぎ入れる。

水菜とお餅の信田巻き

「信田巻《しのだま》き」は、
油揚げで具材を巻いた料理。
煮る、揚げる、蒸すなどの
調理法がありますが、
ここでは煮ものにしました。
煮汁をたっぷり含んだ油揚げの中から、
餅がとろりと顔を出します。

手前から奥に向かってきつめに巻く。

巻き終わりをつま楊枝で留める。

材料（2人分）

油揚げ…2枚
切り餅…1個
水菜（小）…$\frac{1}{2}$わ（約80g）

○煮汁
だし汁（精進）…1カップ
酒、みりん…各大さじ1
しょうゆ…大さじ$\frac{1}{2}$
塩…小さじ$\frac{1}{4}$

作り方

1 油揚げはペーパータオルで油をかるく拭き取り、長辺の1辺を残して3辺を少し切り落とす。切り口から包丁でそっと開き、縦に半分に切る。同様にもう1枚も開いて切る。餅は縦4等分に切る。水菜は根元を切り、長さ10㎝に切る。

2 切った油揚げ1切れを縦に置く。手前に水菜の$\frac{1}{4}$量、餅1切れ、切り落とした油揚げの$\frac{1}{4}$量をのせ、奥に向かってきつめに巻き、つま楊枝で留める。同様にあと3個作る。

3 直径20㎝くらいの鍋に煮汁の材料を入れて中火にかける。煮立ったら**2**を入れ、落としぶた（P5）をして5分ほど煮る。つま楊枝をはずして1個を2等分に切り、器に盛って煮汁をかける。

空也蒸し

豆腐とすりおろした長いもが相まって、ふわふわに。だしの風味を閉じこめたあんをのせて仕上げます。空也派の僧侶が作り始めたと伝わります。

材料（2人分）

絹ごし豆腐…½丁（約150g）
長いも…100g
にんじん、青じそ…各適宜

A だし汁（精進）…½カップ
みりん…大さじ1と½
しょうゆ…大さじ1

片栗粉　薄口しょうゆ

作り方

1 豆腐はペーパータオルで二重に包み、皿などで重しをして20分ほどおき、水けをきる。皮をむいた長いも、片栗粉小さじ1、薄口しょうゆ小さじ2とともにミキサーなどでよく撹拌する。耐熱の器に等分に入れる。

2 鍋に器を入れて、下から⅓～½がつかるように水を注ぎ、ふたをする。中火にかけて7～8分蒸す。

3 にんじんは皮をむいてせん切りにし、1分ほどゆでる。青じそは軸を切ってせん切りにする。別の器に片栗粉、水各大さじ2を混ぜ合わせ、水溶き片栗粉を作る。

4 小鍋に**A**を入れて中火にかけ、沸騰したら弱火にする。水溶き片栗粉をもう一度混ぜて加え、よく混ぜてあんを作る。

5 **2**に**4**をかけて、にんじんと青じそをのせる。

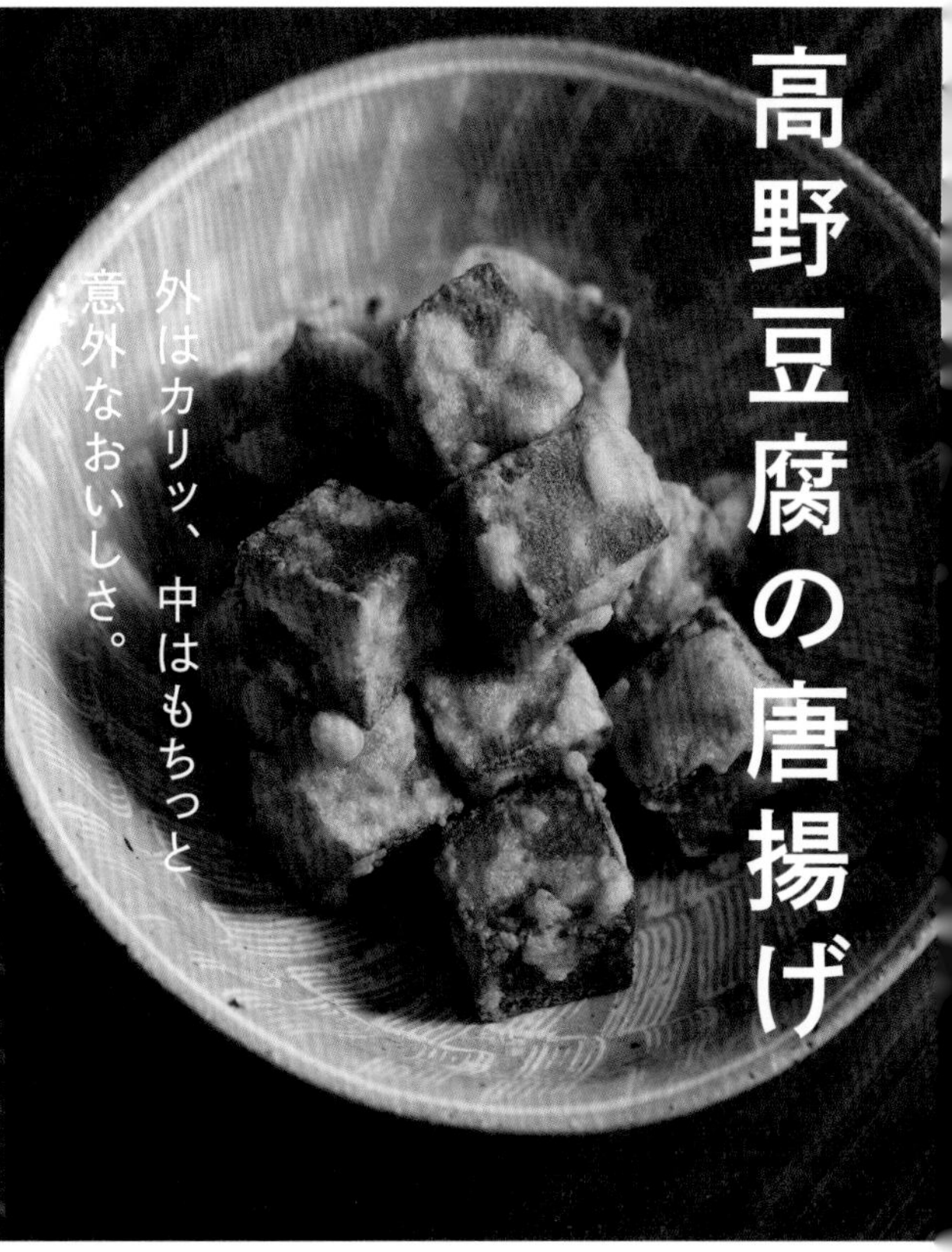

高野豆腐の唐揚げ

外はカリッ、中はもちっと
意外なおいしさ。

材料（作りやすい分量）

高野豆腐…１枚（約 17g）

◯下味
みりん…大さじ２
しょうゆ、酒…各大さじ１
おろししょうが…小さじ１

片栗粉　揚げ油

作り方

1 高野豆腐は水につけてもどし、水けをぎゅっと絞って角切りにする。

2 ボールに下味の材料を入れてよく混ぜ、**1** を加えてかるくもむ。

3 フライパンに揚げ油を入れて低温（P 5参照）に熱し、**2** に片栗粉大さじ２をまぶしながら入れる。からりとするまで３～４分揚げる。

豆腐みそ漬け

豆腐の甘みと
みその旨みが織りなす、
やさしい味。

材料（作りやすい分量）

絹ごし豆腐…½丁（約 150g）

A みそ、みりん…各大さじ２
塩麹…大さじ１

作り方

1 豆腐はペーパータオルで二重に包み、皿などで重しをして 20 分ほどおき、水けをきる。

2 ボールに **A** を入れてよく混ぜる。

3 **2** の半量を保存容器に入れ、**1** をのせる。残りの **2** をかぶせる。冷蔵庫に入れて１日ほど漬ける。

PART 2

野菜たっぷり副菜

体が喜ぶ素材で作る、
バリエーション豊かな
副菜を集めました。
ビーツドレッシングのサラダや
にんじんのラペなど、
一見、精進「らしくない」
華やかメニューもご紹介。
大地のパワーが詰まった野菜を
存分に味わえます。

なすの揚げびたし

この上なくシンプルながら、
だしの味わいがしっかりしみたごちそう。
へたも取らずに丸ごといただきます。

材料（２人分）

なす…４個

◯漬け汁
だし汁（昆布）…360mℓ
しょうゆ…大さじ４
みりん…120mℓ

揚げ油

なすなどについている「へた」の別名は「台《うてな》」。これは、仏像の下にある台座（蓮華座）が、へたをひっくり返したような形をしていることに由来します。これも大切に扱い、最後までいただくのが精進料理の精神です。

作り方

1 なすはへたの先の枯れたような部分を２～３㎜切り、へたは残す。皮目に縦に４～５本切り目を入れる。

2 鍋に漬け汁の材料を入れて火にかけ、煮立つ直前に弱火にする。

3 揚げ油を中温（P ５参照）に熱し、なすを入れる。３～４分でしんなりとしてきたら取り出し、**2** に入れて５分ほど煮る。

4 大きな鍋かボールに氷水を入れて **3** を鍋ごと冷やす。粗熱が取れたら冷蔵庫に入れ、１日おく。

5 長さを半分に切って器に盛る。

きんぴらごぼう

精進料理でも
定番のおかず。
甘辛の味つけと
シャキッとした食感で
白いご飯がすすみます。

材料（作りやすい分量）

ごぼう（小）…１本（約 150g）
にんじん…1/3本（約 50g）
赤唐辛子の小口切り…少々
白いりごま…大さじ２

◯合わせ調味料
砂糖、みりん…各大さじ１
しょうゆ…大さじ１と1/2

ごま油

作り方

1 ごぼうはよく洗って皮つきのままささがきにする。水に 10 分ほどさらし、水けをきる。にんじんは皮をむいてせん切りにする。

2 フライパンにごま油大さじ１を中火で熱して**1**、赤唐辛子を入れ、ごぼうがしんなりするまで炒める。

3 合わせ調味料の材料を混ぜて加え、汁けがなくなるまで炒める。

4 白いりごまを加えてさっと炒める。

ビーツドレッシングのサラダ

主役は、
ほんのり甘酸っぱい
ビーツのドレッシング。
皮も捨てずに
トッピングに
活用します。

材料（２人分）

ベビーリーフ…１パック

◯ビーツドレッシング
（作りやすい分量）
ビーツ※…１個
りんご…½個
エキストラバージン
オリーブオイル…大さじ３
レモン汁…大さじ１
りんご酢…大さじ１と½
しょうゆ…大さじ½
塩…小さじ½
こしょう…少々

片栗粉　揚げ油

作り方

1 ビーツは皮をむいて一口大に切る。皮はとりおく。りんごは皮をむいて芯と種を除き、一口大に切る。

2 ビーツの皮はせん切りにして片栗粉をまぶす。フライパンに揚げ油を中温（Ｐ５参照）に熱して皮を入れ、１分ほど揚げて油をきる。

3 ドレッシングの材料を、ミキサーなどでなめらかになるまで撹拌する。

4 器にベビーリーフを盛って**3**を好みの量かけ、**2**をのせる。

※茎と葉はとりおいて「ビーツの手まりずし」（P66）に使えます。

ブロッコリーの辛子あえ

ブロッコリーは、
茎も皮ごとせん切りにして
無駄なくいただきます。
少しシャキッとした
食感が新鮮。

材料（作りやすい分量）

ブロッコリー…½株（約 120g）

◯あえごろも
薄口しょうゆ…大さじ 1
練り辛子、酒…各小さじ 1
砂糖…少々

塩

作り方

1 ブロッコリーは小房に分ける。茎は、皮ごとせん切りにする。

2 鍋にたっぷりの湯を沸かして塩少々を加え、ブロッコリーを入れて 1 分ほどゆでる。ざるに上げて水けをきる。

3 ボールにあえごろもの材料を入れて混ぜ合わせ、**2** を加えてあえる。

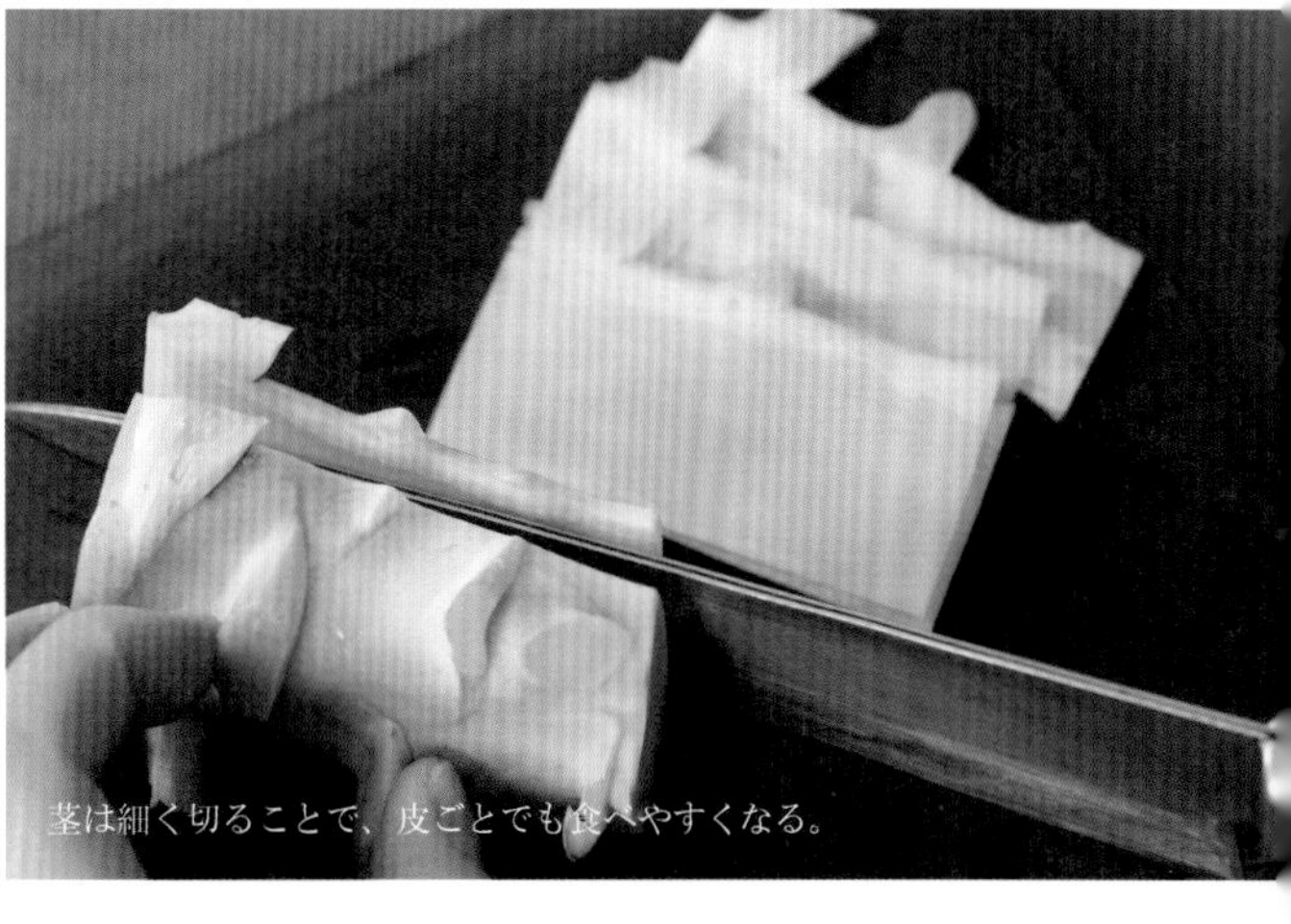
茎は細く切ることで、皮ごとでも食べやすくなる。

パリパリピーマン

しっかり冷やして
パリッとしたピーマンに、
ほのかにスパイシーなたねが合います。
サラダ感覚でどうぞ。

材料（２人分）

ピーマン…２個
大豆ミート
（もどし不要、ミンチタイプ）…100g
しょうが…½かけ
クミンパウダー…大さじ１

A 砂糖、酒…各大さじ１
しょうゆ…大さじ２

サラダ油　塩　こしょう

プチプチとした弾力のある食感が楽しい。

作り方

1 ピーマンは半分に切って種とわたを取り出し、氷水につけて冷蔵庫で１時間ほど冷やす。種とわたはみじん切りにする。しょうがは皮をむいてみじん切りにする。

2 フライパンにサラダ油大さじ１を中火で熱し、しょうがを入れて炒める。香りが立ったら、大豆ミート、ピーマンの種とわたを入れて炒める。火が通ったら **A** を加えてさっと炒め、クミンパウダーを加えてさらに１分ほど炒める。味見をしてたりなければ塩、こしょう各少々を加える。

3 ピーマンの水けを拭いて **2** をのせる。

精進バーニャカウダ

本来はにんにくや
アンチョビーを使う
バーニャカウダ。
ここでは、
ナッツやみそで
コクを出しています。

材料（2～3人分）

セロリ…½本（約50g）
にんじん…⅓本（約50g）
きゅうり…½本（約50g）
大根…約50g（長さ6～7㎝に切る）

◯ソース
くるみ（無塩・いったもの）…60g
しょうが…½かけ
みそ…大さじ½
オリーブオイル…1カップ

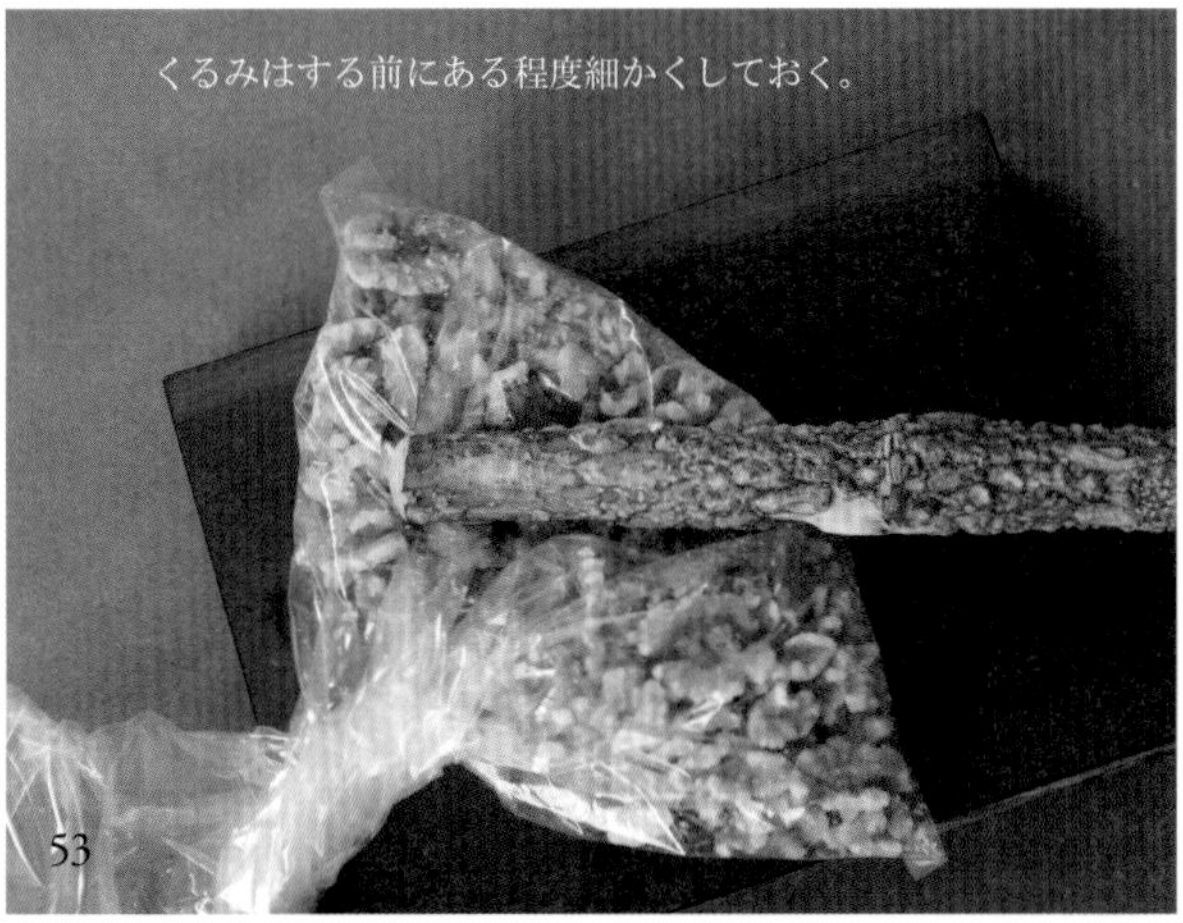

くるみはする前にある程度細かくしておく。

作り方

1 セロリは葉と茎に切り分けて茎の筋を取り、にんじんは皮をむいて、きゅうりとともに長さ6～7㎝のスティック状に切る。大根は皮をむき、スティック状に切る。くるみはポリ袋に入れてすりこ木などでたたいてからすり鉢でする。しょうがは皮をむいてすりおろす。

2 鍋に1のくるみ、しょうがと、残りのソースの材料を入れ、中火にかけて煮る。

3 ソースを器に入れ、野菜を添える。

青のりの寒天よせ

口に入れたとたん、
のりの風味が
ふわりと広がります。
甘酸っぱい酢みそが
アクセントに。

材料（7×15×高さ6㎝の型1個分）

粉寒天…4g
青のり…大さじ3

◯酢みそ
白みそ…大さじ2
砂糖、酢…各大さじ1

塩

作り方

1 鍋に水2と½カップ、粉寒天を入れて中火にかけ、混ぜながら煮る。煮立ったら弱火にし、さらに2～3分煮る。

2 粗熱が取れたら青のり、塩ひとつまみを加え、水でぬらした型に流し入れる。青のりが均一になるように静かに混ぜ、冷蔵庫で2時間ほど冷やし固める。

3 酢みその材料を器に入れ、よく混ぜる。**2**を一口大に切って器に盛り、酢みそをのせる。

雲《うん》片《ぺん》

中国の精進料理
「普茶《ふちゃ》料理」のひとつ。
野菜の皮などは、
家にあるもので
構いません。
とろりとした
食感が魅力。

材料（作りやすい分量）

野菜の皮など余り食材
（ここではだしをとったあとの昆布、にんじんの皮、セロリの余った部分、きぬさやの筋。あるものでOK）
…合わせて100g
こんにゃく
（アク抜きしたもの）…20g

◯煮汁
だし汁（昆布）…½カップ
しょうゆ…大さじ1
しょうが汁…大さじ½
塩…ひとつまみ
こしょう…少々

片栗粉　ごま油

作り方

1 余り食材と、あればこんにゃくをせん切りにする。器に片栗粉、水各大さじ½を混ぜ合わせ、水溶き片栗粉を作る。

2 鍋にごま油大さじ½を中火で熱し、余り食材、こんにゃくを入れて炒める。しんなりしたら煮汁の材料を加えて煮る。

3 煮立ったら火を止め、水溶き片栗粉をもう一度混ぜてから加える。弱火にして、混ぜながらとろみがつくまで温める。

揚げ昆布

パリッとした歯ざわりが楽しい、精進スナック。

材料（作りやすい分量）

だしをとったあとの昆布
…1枚（約20×5㎝）
塩　揚げ油

作り方

1 昆布はペーパータオルで水けをよく拭き、幅1×長さ10㎝に切る。結んで2時間ほど乾燥させる。

2 フライパンに揚げ油を入れて低温に（P5参照）熱し、1を入れて2〜3分揚げる。

3 油をきり、塩を適量ふる。

セロリとみょうがの浅漬け

しょうががきいてさわやかな後味。ゆずの香りも◯。

材料（作りやすい分量）

セロリ…　1本
みょうが…3個
しょうが…1かけ

A 塩…小さじ½
ゆず果汁…小さじ1
赤唐辛子…1本

塩

作り方

1 セロリは、茎は筋を取って斜め薄切りにし、葉は細切りにする。みょうがは縦半分に切り、縦に薄切りにする。しょうがは皮をむいてせん切りにする。

2 ボールに1を入れて塩小さじ1を加え、かるくもむ。30分ほどおいてしっかり水けをきる。

3 Aを加えて混ぜる。保存容器に入れ、冷蔵庫で半日漬ける。

キャベツとわかめのナムル

ごま油の香りに
箸がすすむ、
手軽なあえもの

材料（作りやすい分量）

キャベツ…¼個
わかめ（乾燥）…大さじ1
白いりごま…小さじ1

A ごま油…大さじ1
塩…小さじ¼
しょうゆ…小さじ½

作り方

1 キャベツはざく切りにして、たっぷり沸かした湯に30秒くぐらせ、水けをきる。わかめは水に10分ほどつけてもどし、さっと湯通しして水けを絞る。

2 ボールに**A**を入れてよく混ぜ、キャベツ、わかめ、いりごまを加えてあえる。

わかめと水菜のぬた

砂糖の代わりに
甘酒を使って
やさしい甘みに。

材料（作りやすい分量）

水菜（小）…½わ（約80g）
わかめ（乾燥）…大さじ1

◯酢みそ
白みそ…大さじ2
酢、甘酒…各大さじ1

作り方

1 小鍋に酢みその材料を入れ、中火にかける。ふつふつとしてきたら火を止めて、よく練り混ぜる。わかめは水に10分ほどつけてもどし、さっと湯通しして水けを絞る。水菜は根元を切り、長さ3㎝に切る。

2 ボールに**1**を入れてあえる。

にんじんとセロリのラペ

ゆずこしょうが
ピリリときいて、
ほんのり和風味。

材料（作りやすい分量）

にんじん…１本（約 150g）
セロリ（小）の茎…１本分（約 80g）

◯ドレッシング
りんご酢、サラダ油…各大さじ２
ゆずこしょう…少々
塩…ひとつまみ

作り方

1 にんじんは皮をむき、セロリは筋を取って長さ５～６㎝のせん切りにする。

2 ボールにドレッシングの材料を混ぜ、**1** を加えてよくあえる。

ピリ辛こんにゃく

肉の代わりに
お好み焼きに
入れてもおいしい！

材料（作りやすい分量）

こんにゃく（アク抜きしたもの）
…１枚（約 300g）

A 砂糖、しょうゆ、酒、
みりん…各大さじ１
赤唐辛子の小口切り…½本分

ごま油

作り方

1 こんにゃくは両面に格子状に浅く包丁を入れ、２㎝角に切る。３分ほどゆでてざるに上げる。

2 フライパンを熱して **1** を入れ、３分ほどからいりする。ごま油大さじ１を回し入れ、弱火で 10 分ほど炒める。

3 **A** を加えて中火にし、混ぜながら煮つめる。ごく弱火にし、初めの７割ほどの大きさになるまで炒める。

長いもの塩昆布あえ

とろりとした長いもに、
塩昆布の塩けと
旨みが後を引きます。

材料（作りやすい分量）

長いも…200g
塩昆布… 5 g

作り方

1 長いもは皮をむいてせん切りにし、酢水（分量外）にさらして水けをきる。

2 ボールに長いもと塩昆布を入れてあえる。

ごぼうの梅あえ

ごぼうは、
たたくことで味が
しみやすくなります。

材料（作りやすい分量）

ごぼう（小）…１本（約150g）
梅干し…２個

作り方

1 ごぼうはよく洗い、皮ごとめん棒などでかるくたたいてから長さ５cmに切る。たっぷりの湯で、竹串がすっと通る堅さになるまでゆでて水けをきる。梅干しは種を除いて包丁でたたく。

2 ボールにごぼうと梅干しを入れてあえる。

PART 3

ご飯・パン・麺と汁

大人も子どもも大好きな
カレーやパスタ、
サンドイッチを精進で。
パンは、牛乳や乳製品不使用の
タイプを選びました。
素材のおいしさを閉じこめた、
滋味深い汁ものも
ぜひ作ってみてください。

キーマカレー

肉の代わりに豆腐を使ったカレーです。
木綿豆腐でほどよくボリュームが出るので、
後味は重くないのに満足感はしっかり。
きりっとスパイシーで大人向けの味わいです。

材料（２人分）

木綿豆腐（大）…½丁（約 175g）
にんじん…½本（約 80g）
かぼちゃ…⅛個（約 150g）
生しいたけ…４個
カットトマト缶詰（400g 入り）…½缶
カレー粉（にんにく不使用のもの）…大さじ２
白練りごま…大さじ４
温かいご飯…適宜
好みでグリーンピース…適宜
サラダ油　塩　こしょう　みそ

作り方

1 にんじんは皮をむき、かぼちゃはわたと種を取って粗いみじん切りにする。しいたけは石づきを切り落とし、軸も一緒に粗いみじん切りにする。

2 フライパンにサラダ油大さじ１を中火で熱し、豆腐をくずしながら入れて水けがなくなるまで炒める。

3 **1** と塩、こしょう各少々を加えてよく炒める。かぼちゃが柔らかくなったらトマトを缶汁ごと加え、10 分ほど煮る。水分が減ってきたら水を適宜加える。練りごま、カレー粉と、みそ大さじ１を溶かし入れ、水分がほぼなくなるまで煮つめる。

4 器にご飯を盛ってカレーをかけ、好みで塩ゆでしたグリーンピースを飾る。

ボロネーゼもどき

しょうがとセロリの風味を生かした
軽やかなソース。
トマトとみその旨みをかけ合わせて、
にんにくを使わなくても
深い味わいを出しています。

材料（2人分）

大豆ミート（乾燥、ミンチタイプ）…30g
にんじん…¼本（約40g）
セロリの茎…⅓本分（約30g）
しょうが…½かけ
スパゲティ…適宜
好みでイタリアンパセリの粗いみじん切り…適宜

A カットトマト缶詰（400g入り）…１缶
トマトケチャップ…大さじ２
みそ…大さじ１
ドライオレガノ、ドライセージ…各小さじ½

オリーブオイル

作り方

1 鍋にたっぷりの湯を沸かし、大豆ミートを入れて３分ほどゆでる。ざるに上げて水けをきる。にんじん、しょうがは皮をむき、セロリは筋を取ってみじん切りにする。

2 フライパンにオリーブオイル大さじ２を中火で熱し、**1**を入れて野菜がしんなりするまで炒める。

3 **A**を加え、水けが少し残るくらいまで10分ほど煮る。

4 スパゲティは袋の表示どおりにゆでる。器に盛って**3**をかけ、好みでイタリアンパセリを散らす。

ビーツの手まりずし

ビーツを買ったら茎と葉も捨てないで。
すし酢に加えてご飯に混ぜると、
きれいなルビー色のおすしが作れます。

材料（２人分）

ビーツの茎と葉…１個分
炊きたてのご飯…１合分
大根…1.5㎝（約 50g）
白いりごま…適宜

◯すし酢
酢…大さじ２
砂糖…大さじ２弱
塩…小さじ１と1/3

塩

ビーツを加えることで、酢が色鮮やかに。

作り方

1 ビーツの茎と葉はよく洗い、鍋で柔らかくなるまで３分ほど蒸す。粗熱が取れたら粗めのみじん切りにする。

2 ボールにすし酢の材料を混ぜ、**1** を加えてざっと混ぜる。

3 ご飯を加えて混ぜ、うちわなどであおぎながら冷ます。

4 大根は皮をむいて薄めのいちょう切りにし、塩少々をふってもむ。20 分ほどおいて水けを絞る。

5 **3** を小さめに丸めて大根をのせ、いりごまをふる。

三つ葉ご飯

さわやかな三つ葉の風味と、
ごまのコクが好相性。
ご飯に具材を混ぜるだけ、
という気軽さも嬉しい。

材料（2人分）

三つ葉…1束（約50g）
炊きたてのご飯…茶碗2杯分
白いりごま…少々
塩

作り方

1 三つ葉は根元を切り、熱湯でさっとゆでて冷水にとり、水けを絞る。細かく刻んでもう一度水けを絞り、ボールに入れて塩小さじ1/3をまぶす。

2 ご飯を加えて混ぜる。

3 器に盛り、いりごまを指でひねりながら散らす。

長いもときのこのバルサミコサンド

ソテーした長いもは食べごたえ十分。
動物性の材料は避けたいので、
パンは牛乳や乳製品不使用のものを。

材料（2人分）

食パン（牛乳、乳製品不使用のもの
・6枚切り）…4枚
長いも…30g
しめじ…10g
まいたけ…15g
ベビーリーフ…適宜
バルサミコ酢…大さじ1
豆腐マヨネーズ（下記参照）…適宜
オリーブオイル　塩　こしょう　砂糖

[豆腐マヨネーズ]

材料（作りやすい分量）と作り方

1 絹ごし豆腐（大）1丁（約350g）はペーパータオルで二重に包み、皿などで重しをして20分ほどおき、水けをきる。

2 1、粒マスタード大さじ6、りんご酢大さじ4、塩小さじ1と½、こしょう小さじ1、オリーブオイル大さじ6を合わせ、ミキサーなどで撹拌する。

作り方

1 長いもは皮をむいて厚さ5㎜に切る。しめじは石づきを切って小房に分け、まいたけは食べやすくほぐす。

2 フライパンにオリーブオイル大さじ1を中火で熱し、長いもを入れて両面に焼き色がつくまで焼き、塩、こしょう各少々をふって取り出す。

3 フライパンにオリーブオイル大さじ1をたして中火で熱し、しめじとまいたけを入れて2分ほど炒める。バルサミコ酢と、砂糖少々、塩ひとつまみを加えてさっと炒める。

4 パンはトーストして片面に豆腐マヨネーズを塗り、1枚に長いも、ベビーリーフ、きのこを半量ずつのせ、もう1枚ではさむ。残りも同様にする。

※豆腐マヨネーズは清潔な保存容器に入れ、冷蔵で5日ほど保存可能。

アジア風サンドイッチ

ベトナムのバインミーをイメージしたバゲットサンド。レバーペーストの代わりにマッシュルームで旨みを加えて。

材料（2人分）

バゲット…½本
大根…1.5㎝（約50g）
にんじん…⅓本（約50g）
マッシュルーム…100g
エリンギ…2本
酒粕…20g
ブラックオリーブ（種抜き）…25g
パクチー…適宜
酢　砂糖　オリーブオイル　塩

作り方

1 大根、にんじんは皮をむいて細切りにする。器に酢大さじ1、砂糖小さじ1を混ぜ、大根とにんじんを漬ける。マッシュルームは薄切りにする。エリンギは縦に厚めに切る。パクチーはざく切りにする。

2 フライパンにオリーブオイル大さじ1を中火で熱し、マッシュルーム、塩少々を入れて炒める。

3 **2**と酒粕、オリーブを合わせ、フードプロセッサーなどでなめらかになるまで撹拌する。

4 フライパンにオリーブオイル小さじ2をたし、エリンギを入れて両面を焼く。

5 大根とにんじんの水けを絞る。バゲットは長さを2等分にして切り目を入れ、**3**を塗って**4**、大根、にんじん、パクチーをはさむ。

豆乳そうめん

だしやしょうゆの香り高いつゆに、
豆乳を加えることで
まろやかさをプラス。
手軽なのにハッとする味わいです。

材料（2人分）

そうめん…2束（200g）
みょうが…1個
青じそ…4枚

◯つゆ
調整豆乳…1カップ
だし汁（精進）…½カップ
しょうゆ、みりん…各¼カップ
砂糖…小さじ1

作り方

1 みょうがは縦半分に切り、青じそは軸を切ってせん切りにする。鍋に豆乳以外のつゆの材料を入れて中火にかけ、沸騰したら弱火にし、2分煮て火を止める。完全に冷めたら豆乳を加えて混ぜる。

2 そうめんは袋の表示どおりにゆで、水洗いする。器につゆを入れ、みょうが、青じそを添える。

けんちんうどん

けんちん汁の発想で
うどんを作りました。
根菜を炒めてから煮ることで、
汁がさらに深い味わいになります。

材料（2人分）

大根…1㎝（約30g）
にんじん…⅕本（約30g）
ごぼう…20g
こんにゃく（アク抜きしたもの）…30g
生しいたけ…1個
だし汁（昆布）…2カップ
冷凍うどん…2玉
サラダ油　塩　しょうゆ　酒

作り方

1 大根、にんじんは皮をむいていちょう切りにする。ごぼうはよく洗って皮つきのままささがきに、こんにゃくは短冊切りにする。しいたけはかさと軸を切り分け、軸は石づきを切る。かさと軸を薄切りにする。

2 フライパンにサラダ油大さじ½を中火で熱し、**1**を入れて炒める。しんなりとしてきたら塩少々、だし汁を加える。煮立ったら弱火にし、10分ほど煮てしょうゆ、酒各大さじ2を加える。

3 うどんを加えて2〜3分煮る。

野菜のスープ

芯や茎を炒め煮にして
おいしさを引き出します。

材料（2人分）

キャベツの芯…1/4個分（約25g）
ブロッコリーの茎…1/4株分（約25g）
にんじん…1/6本（約25g）
だし汁（精進）…1と1/2カップ
パセリのみじん切り…少々
オリーブオイル　塩　粗びき黒こしょう

作り方

1 キャベツの芯、ブロッコリーの茎は粗いみじん切りにする。にんじんは皮をむいて5㎜角に切る。

2 鍋にオリーブオイル大さじ1を中火で熱し、1を入れて炒める。しんなりしてきたらだし汁と塩小さじ1を加え、5分ほど煮る。

3 器に盛り、パセリを飾って粗びき黒こしょう少々をふる。

トマトの冷製すり流し

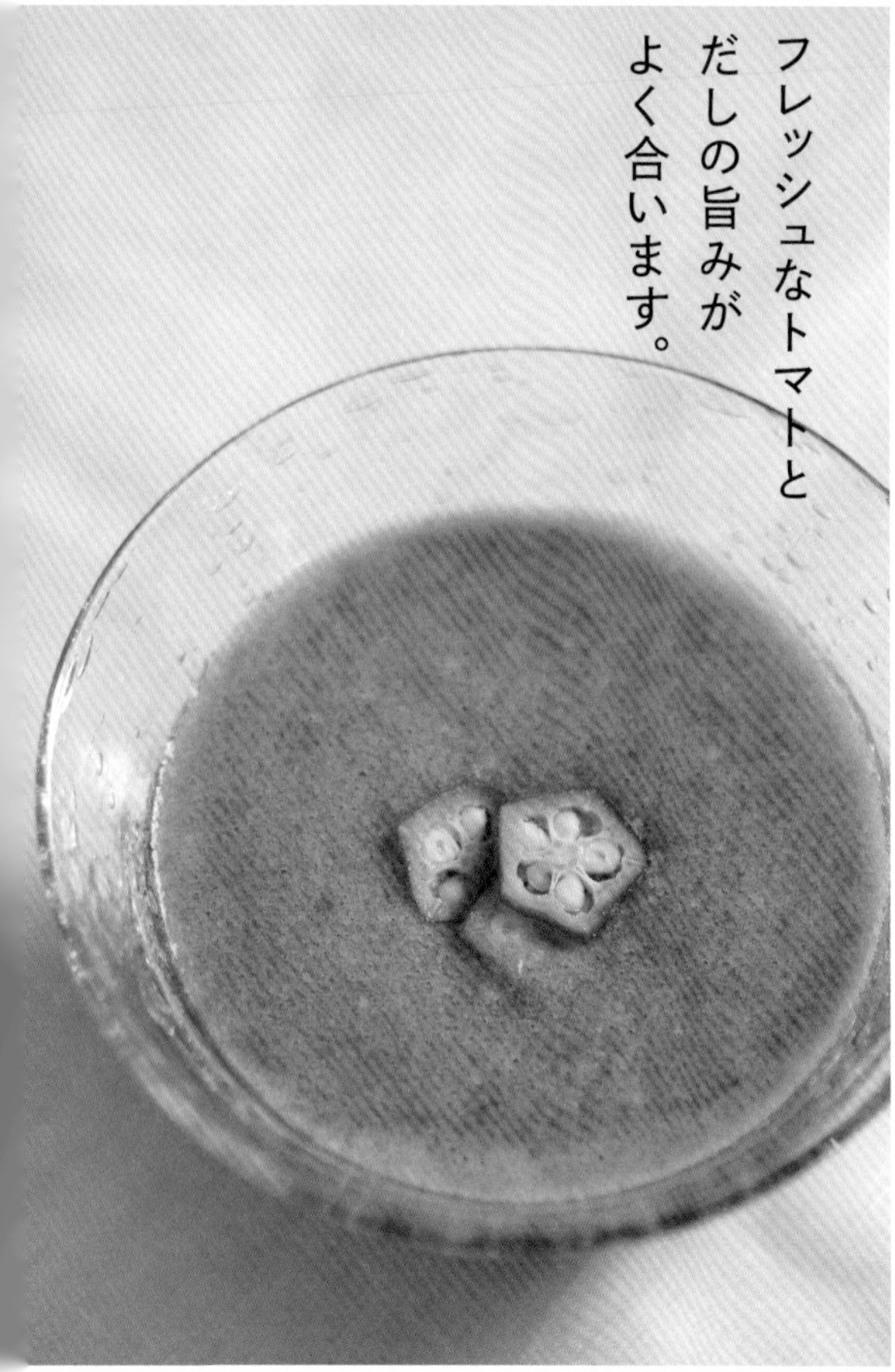

フレッシュなトマトと
だしの旨みが
よく合います。

材料（2人分）

トマト…2個（約300g）
だし汁（昆布）…2/3カップ
オクラの薄い小口切り…適宜
薄口しょうゆ　塩

作り方

1 トマトは湯むきしてへたを取る。だし汁、薄口しょうゆ大さじ1/2、塩ひとつまみと合わせてミキサーなどで撹拌する。

2 こし器を通して保存容器に入れ、冷蔵庫で1時間ほど冷やす。

3 器に盛り、オクラを飾る。

大豆三代呉汁

大豆づくしの汁もの。
豆の甘みがギュッと凝縮。

材料（２人分）

絹ごし豆腐…80g
油揚げ…1/4枚
だしをとったあとの大豆…100g
だし汁（大豆）…２カップ
調整豆乳…2/3カップ
みそ

作り方

1 大豆と、だし汁の半量を合わせ、フードプロセッサーなどで撹拌してピューレ状にする。豆腐は１㎝角に切り、油揚げは細切りにする。

2 鍋に残りのだし汁と豆乳を入れ、中火にかける。煮立つ直前に弱火にしてみそ大さじ２を溶き入れ、**1**を加えてさっと煮る。

落花生のすり流し

ピーナッツのコクと
適度な塩けが
いいバランス。

材料（２人分）

ピーナッツ（無塩・いったもの）
…100g
だし汁（昆布）…２カップ
薄口しょうゆ　粗びき黒こしょう

作り方

1 ピーナッツの殻と薄皮をむき、たっぷりの湯で柔らかくなるまでゆでる。粗熱が取れたらだし汁、薄口しょうゆ大さじ２と合わせてミキサーなどで撹拌する。

2 鍋に入れて中火にかけ、木べらで混ぜながら沸騰直前まで温める。

3 器に盛り、粗びき黒こしょう少々をふる。

お寺のおやつ

素材の味わいを最大限に生かす
精進の考え方で作った、
じんわりとやさしい甘さのスイーツ。
乳製品が食べられない人も、
安心して楽しめます。

わらび餅入りごまプリン

下はわらび餅、上はごまプリンと
2つの味が層になった、和洋折衷なスイーツ。
やさしい甘みが口の中で溶け合います。
もっちりとふるふる、食感の違いも楽しい。

材料（容量200mℓの器×５個分）

わらび粉…10g
白玉粉…５g
米糀ミルク（または調整豆乳）…２と½カップ
白練りごま…10g
アガー…５g
糀みつ（または黒みつ）…大さじ２と½
黒豆煮…５個
砂糖

作り方

1 わらび餅を作る。ボールにわらび粉、白玉粉、砂糖大さじ１、水80mℓを入れ、５分ほどおく。

2 **1**をこし器を通して耐熱容器に入れる。ふんわりとラップをかけて電子レンジで１分加熱し、取り出して素早く混ぜる。

3 **2**を今度はラップをかけずに電子レンジで30秒加熱し、素早く混ぜる。これを、全体が透明になるまで２～３回繰り返す。

4 熱いうちに器に等分に流し入れる。そのままおいて粗熱を取る。

5 ごまプリンを作る。鍋に米糀ミルク、白練りごまを入れて中火にかける。焦げないように木べらで鍋底を混ぜ、ふつふつとしたら（約80℃）火を止める。冷めたらこし器でこす。

6 鍋に**5**、砂糖大さじ１と½、アガーを入れ、木べらで混ぜながら中火にかける。焦げないように鍋底を混ぜ、煮立つ直前に弱火にして、さらに２分ほど煮る。

7 **4**のわらび餅の上に**6**を注ぎ入れ、粗熱が取れたらラップをかけて冷蔵庫で冷やし固める。食べる直前に、糀みつを大さじ½ずつかけ、黒豆を１個ずつ飾る。

善《ぜん》哉《ざい》

しっかり甘くて満足度が高い、昔ながらのおやつ。
名前の由来は一休さんの言葉といわれています。
ほくほくに煮えた豆の甘みに、思わず笑みがこぼれます。

材料（2人分）

小豆…55g
切り餅…2個
砂糖　塩

作り方

1 小豆はさっと洗って鍋に入れ、たっぷりの水を加えて中火にかける。煮立ったら弱火にし、5分ほど煮て湯を捨てる。これを2回繰り返し、小豆をざるに上げる。

2 鍋に小豆を戻して水2と$\frac{1}{4}$カップを加え、中火にかける。煮立ったらごく弱火にして落としぶた（P5）をし、指でつぶせるくらいの堅さになるまで1時間～1時間30分ほど煮る。

3 砂糖65gと塩少々を加えてよく混ぜ、5分ほど煮てから火を止め、ふたをして30分ほど蒸らす。

4 餅を焼いて器に盛り、3を注ぐ。

「ぜんざい」という名前は、大徳寺の住職からお餅の入った小豆汁をごちそうになった一休禅師が、そのおいしさに「善哉此汁（よきかな この汁）」と言われたことが始まりという説があります。浅草育ちの私にとって、ぜんざいといえば小豆の食感が残ったあんに餅を合わせたものですが、地域によって違いがあるようです。こういったシンプルな料理にも地域色が表れるのは、興味深いものですね。

いちごのすり流し

やさしい甘みの甘酒に、
砂糖でアクセントを加えています。
砂糖の量は、いちごの甘さや
好みで加減しましょう。

材料（2人分）

いちご…12個
甘酒…1カップ
ミントの葉…適宜
砂糖

作り方

1 いちごはへたを取り、2～3等分に切る。1個は粗いみじん切りにし、飾り用にとりおく。

2 いちご、甘酒、砂糖20gを合わせ、ミキサーなどで撹拌する。

3 器に注ぎ、みじん切りにしたいちごとミントを飾る。

ミルクがゆ

お釈迦様が食べたという、
インドのおかゆをイメージしました。
ほんのりと自然な甘みで
朝ごはんにもおすすめ。

材料（2人分）

米…½合
米糀ミルク…2と½カップ
糀みつ…大さじ2
好みのドライフルーツ
（ここではクランベリー）…適宜
好みのナッツ（無塩・いったもの、
ここではピスタチオ）…適宜
シナモンパウダー…適宜

作り方

1 米はといでざるに上げ、水けをきる。

2 鍋に **1** と米糀ミルクを入れて中火にかけ、煮立ったら弱火にして15分ほど煮る。5分おきに鍋底からひと混ぜする（混ぜすぎると粘りが出て焦げるので、混ぜすぎないこと）。

3 火を止めて糀みつとシナモンパウダー少々を加えてざっと混ぜ、10分ほどおいて余熱で米をふっくらさせる。

4 器に盛って刻んだドライフルーツ、ナッツを飾り、シナモンパウダー少々をふる。

日本では甘いおかゆはあまりなじみがありませんが、インドでは「キール」という名前で日常的に作られています。断食苦行で衰弱していたお釈迦様が、スジャータという娘から施された一杯の乳がゆを食べて元気になり、菩提樹の下で坐禅を組んで悟りを得たそうです。仏教とは切っても切れない深い縁のあるひと品です。

塩麹焼きいも

そのままでもおいしい
焼きいもにひと工夫。
塩麹のほどよい塩けで、
さつまいもの甘みが
ぐっと際立ちます。

材料（2人分）

さつまいも…1本（約200g）
塩麹…大さじ½

作り方

1 さつまいもは縦半分に切ってアルミホイルで包む。断面を上にして、160℃に予熱したオーブンで30分焼く。

2 取り出してアルミホイルをはずし、断面に塩麹を塗ってオーブンに入れる。180℃で10分ほど、焼き色がつくまで焼く。

海外で注目を浴びる
精進料理

フードロス、フードダイバーシティ、そしてその礎となるマインドが評価し直され、広く世界中から期待を集めている精進料理。ありがたいことに、私のところにも様々な場で精進料理を紹介する機会が寄せられるようになりました。

とりわけ印象深いのは、2023年5月に行われたG7広島サミットと2024年1月に行ったルクセンブルクの料理学校でのイベントです。

G7広島サミットでは海外メディアに向けて3種類の精進料理を振る舞いました。プラントベースを使ったうな重、野菜の皮や切れ端を使ったピンチョス、日本の発酵文化と伝統文化を組み合わせたデザートが耳目を集め、あらゆる人種の人々が足を止め料理を手に取ってくれた盛況ぶりは実に感慨深いものでした。

またルクセンブルクではホスピタリティ関連の仕事を目指す学生たちに向け、地元の食材や調味料を使った料理の実演と講演を行いました。若者らしい柔軟な発想からの質疑はとても新鮮で、大きな刺激を受けたものです。

他にも、この1、2年の間に声をかけてくださった地域はスペイン、イギリス、韓国、アメリカ、カナダ、オーストラリアなど実に様々。精進料理の哲学とメソッドが国や文化の違いを超えて人々の心に届く手ごたえを感じると同時に、その可能性と使命とを強く心に思うのです。

PART 4

「精進ごはん」のお話

私が日々作る料理を、
深いところで支えてくれる
エッセンスをご紹介します。
ふだん何気なく行っている
「食べること」は、
それだけにとどまらない
広い世界へと
つながっているのです。

精進料理は いつ頃から 広まったのか

あまり知られていないことですが、仏教の祖であるお釈迦様ご自身は肉食を厳密に否定していたわけではないといわれています。

私の愛読書から引用します。

「生物《いきもの》を殺すこと、打ち、切断し、縛《しば》ること、盗むこと、嘘をつくこと、詐欺《さぎ》、だますこと、邪曲を学習すること、他人の妻に親近すること、――これがなまぐさである。肉食することが〈なまぐさい〉のではない」（『ブッダのことば　スッタニパータ』〈中村元訳・岩波文庫〉）

このようにお釈迦様ご自身の言葉では、肉食の是非よりも、非倫理的、非道徳的な行為を避けることのほうが重要だと説いています。一方で、お釈迦様は所有を禁じていました。これは食べ物についてもいえることで、当時の仏教僧には食べ物を次の日に持ち越してはならないという決まりがありました。また、蓄財のもととなる労働行為も禁じられていました。修行僧は自らの労働によって食べ物などの財産を得ることを退け、一般民衆からお布施される穀類、豆類、木の実、果物などを糧《かて》として日々の修行に励んでいたとされています。

これは豊かな土壌を持ち、安定して温暖な気候のインドだからこそ可能だったと考えられます。

時を経て、インドで生まれた仏教は中国に渡ります。肉食を禁ずるという戒律は、実はここで生まれたといわれています。

その背景として想像できるのは、インドと中国の風土の違いです。インドと違って乾燥や冬の寒さのある中国では、出家僧が托鉢《たくはつ》だけで日々の糧を得ることは難しかったのではないかと思われるのです。

そこで、托鉢のみで生活を維持するべしという戒めを捨て食料の保存をし、その代わりに肉食を退け菜食が始まったのではないかとする説が有力です。

さて、インドから中国を経て仏教が伝わった日本ではどうだったのでしょうか。日本の仏教は聖徳太子が広めました。この頃の仏教は国を治める手段としての性質が強く、国を挙げて保護されていたのが特色です。

僧侶の食生活に関するものとしては、675年に天武天皇の勅令により僧侶の肉食が禁止されたことが、日本における精進料理の皮切りでしょう。この時代は、まだ高度な調理方法が発達していません。生、あるいはゆでた野菜に、酢、塩、醤《ひしお》（しょうゆの原型）などをかけただけなど簡素な調理をしたものを食べていたと思われます。

平安時代に入ると、すでに精進料理という言葉そのものも定着していました。かの『枕草子』にも、「精進物《さうじもの》の、悪《あ》しきを食《く》ひ、寝《い》ぬるをも。若《わか》きは、物《もの》も懐《ゆか》しからむ」とあります。ただ、訳すと「精進料理という大変まずいものを食べ」となるところをみると、当時の精進料理は「粗末なもの」「まずいもの」と捉えられていたようです。

鎌倉時代になると、いわゆる鎌倉仏教と呼ばれる複数の宗派が現れます。そのひとつに道元が開祖となった曹洞宗《そうとうしゅう》があり、精進料理はここで現在のかたちに成熟しました。

道元禅師は精進料理をひとつの文化として位置づけ、『典座教訓《てんぞきょうくん》』という本を残しています。典座とは、禅寺で修行僧の食事を作りととのえる役割を任された役職のこと。そこには料理に必要なすべての事柄が、それこそお米のとぎ方といった基本的なことから細かく丁寧に記されています。また、単に料理の手順だけでなく、一つひとつの工程や食材にどのような心持ちで向き合うべきかが書かれているのが特長。私も文字通り「教訓」として、すぐに開けるように常に手元に置いています。『典座教訓』は現代語訳されたものが文庫サイズで三百ページ足らずで発売されています。もし精進料理に興味を持ったら、ぜひ一度読んでみてほしい一冊です。

旬の食べ物を慈しむ

旬のものはおいしい。これに疑問を持つ人はいないでしょう。旬のものがスーパーに並び始めると季節が巡ったことが実感でき、何はなくとも心が浮き立つものです。そうして料理をして食べてみればその時期ならではの瑞々《みずみず》しさや鮮やかな香りを楽しむことができ、なんとも嬉しくなります。

また旬というのはその食材がもっとも豊かにとれる時期ですので、たくさん手に入るのもありがたいところ。生でいただくのはもちろん、煮たり揚げたり蒸したりと、いろいろな調理法で旬を味わい尽くすのも楽しみですね。

さて、そうは言ってもときにわがままなのが私たち人間です。「おいしいおいしい」と喜んで食べたものも、あまりにも続くと「なんだか飽きたな」となってしまいます。精進料理では、煮る、焼く、蒸す、揚げる、生の五つの手法を使い、旬の食材でも飽きないように工夫することを大切にしています。

毎年秋になると、あちこちからたくさんいただく里いも。まずは煮ものを作ります。できたてでいただくのはもちろんのこと、翌日になっていっそう味がしみ込んだ煮ものもなかなかよいものです。それでも残りがまだあれば冷蔵庫に入れて保存します。ただ、できたてと違い冷えた煮ものは、お弁当に入れる以外なかなか出番がありません。

そこで思いついたのが30ページで紹介した里いものコロッケ。中身は煮ものと同じでも、ころもをまとうことで油のコクが加わり、味も食感もまったく新たなひと品に変身します。

道元禅師の記した『典座教訓』にはこのような記述があります。

「所謂《いわゆる》、醍醐味《だいごみ》を調《ととの》うるも、いまだ必《かなら》ずしも上《じょう》となさず。莆菜羹《ふさいこう》を調《ととの》うるも、いまだ必ずしも下《げ》となさず」

直訳すると、「どんなご馳走であってもそれが上等なのではなく、菜っ葉で作った料理であっても下等ということはない」という意味の文章です。

人の命に優劣がないように、同じく「命」である食材にもまた、優劣はありません。味だとか扱いやすさだとか手に入りやすさだとか、そういった人間の都合で食材を見るのは間違いです。

しかし同時に、好き嫌いの感情やエゴを捨てきれないのが人間でもあります。だからこそ、一つひとつの食材に向き合いながら自分の身勝手を省み、「命」への感謝を思い起こすことが大切なのです。

ものを食べることはすなわち命をいただくこと。

その真理に気づいたのなら、どんなものでも虚静恬淡《きょせいてんたん》、謙虚な気持ちでいただくことができるでしょう。

そして、食べ物をいただく私たちもまた、同じく尊い命です。私たち人間も畑でできる大豆も、塩や砂糖といった調味料でさえも、自然の恵みに育まれ、大地に紡がれる永い命の営みの一部です。

「旬」に出会うたびに大きな自然の営みに思いを及ばせ、感謝のうちに日々を送りたいものです。

精進料理には食べてはいけないものがあります

精進料理で食べてはいけないものといえば、多くの方が肉や魚を思い浮かべることでしょう。

では、野菜であればなんでも食べられると思いますか？　実は野菜の中にも食べてはいけないものがあるのです。

具体的には、玉ねぎ、長ねぎ、にら、にんにく、らっきょうなどです（寺院の宗派や時代によっても異なります）。

これらがなぜ食べてはいけないとされているのかに関しては諸説あります。一般的にいわれているのは、にらやにんにくといった香りの強いものを食べると、口臭を気にして修行に集中できなくなることが原因だということです。これは他人の口臭ではなく、自分の口臭が他の修行僧に不快感を与えるのを嫌ってのことです。

また、いわゆる精のつくものとされているこれらの食物が性欲などの煩悩を刺激し、修行の妨げになるからという説もあります。

とはいえこれらの野菜の薬効も評価されており、病気のときなどは寺院の外に出て摂取し、一定期間おいた後に沐浴で身体を清めてから修行に復帰するという対応もとられていました。

いずれにしろ、精進料理である以上こういったものは避けて料理する必要があります。

けれど、香りを鮮やかに引き立たせてくれるそれらの野菜を使わずに、どうやっておいしい料理を作れるのかという声が多く聞かれます。たしかにカレーなどのメニューににんにくや玉ねぎは不可欠であるように思われます。

しかし、その不安こそがまさに精進料理の楽しさにつながるのだと私は思います。使えないものがあることを嘆くだけでは、そこから楽しみは生まれません。制限のある中でどうやったらおいしく料理できるのか、知恵をしぼり工夫をこらしてみてほしいのです。

例えば私の場合、玉ねぎを炒めるなどして甘さを出したいときには、玉ねぎの代わりに甘みをたしてくれるにんじんやかぼちゃを使うことがよくあります。また、香りを引き立たせたいときは、にんにくに負けないくらい鮮烈な香りを持つセロリなどが活躍してくれます。

そんな発想から思いがけないおいしさに出会うことも少なくありません。

制限や不足に不満を漏らしたり諦めたりするのではなく、身の回りをよく見て、その中から役立つものを見つけ出すこと。あるいは、役立たせるように工夫すること。

そういった心の持ちようが、料理だけでなく日々の暮らしに小さな喜びをもたらしてくれるのです。

ハレとケの食事について

　古来、日本にはお祝いごとやお祭りなど特別な行事がある場やときを「ハレ」、そうではない日常を「ケ」とする考え方がありました。ハレの日は非日常ですから、特別な設《しつら》いをし、特別なものを着て、特別なものを食べたものでした。もう四十も半ばを過ぎた私ですが、小さい頃は外食をするのはとても珍しいことで、ファミレスに行くのもなんだか特別な気がしてワクワクしたのを覚えています。ところが、大学生になった頃だったでしょうか。外食文化がいっきに花開いた頃から様子が変わってきました。外食が日常の中に溶け込んできたのです。いわば毎日が「ハレの日」。けれど、かつてのハレの日が日常になってしまったことに、私はなぜか寂しさと不安を覚えたのです。「今日は外食だ！」というワクワク感が失われてしまった寂しさ。常に「グルメ」や「新しさ」や「話題性」を意識して追いかけなければいけないような、漠然とした焦り。

　さらに最近ではＳＮＳなどを通じ、他の人がどこでどんなものを食べたのかを目にするようになりました。人は「おいしかった」「おしゃれだった」「新しかった」という高揚感などをできるだけ強調して投稿するものです。ですからそれを見た人が「羨《うらや》ましいな」「自分も行きたいな」という気持ちになるのは自然なことです。

　こうなるともう、食事の場面がまるで修羅道です。

　修羅道とは仏教でいわれている六つの世界のうちのひとつ。私たち人間が暮らしているのが人間道で、ほかに天道、畜生道、餓鬼道、地獄道、そして修羅道があります。すべての生き物はいずれ死んで輪廻転生を繰り返し、その六つの世界のどこかにまた生まれるとされています。その中のひとつである修羅道は、ひとことで言えば「戦いの世界」。終始怒り、争い、戦い、恐れ、ひとつ敵を倒してもまたすぐ次の敵が現れ、一瞬たりとも安らぐことなく戦い続ける世界のことです。

　朝ごはんから「映え」を意識したおしゃれなプレートを整え、限られたランチの時間内で話題のお店に並ぶために走り、夜はちょっと予算オーバーだけど奮発したボトルワインを撮影してSNSに投稿。さて明日の朝食はどうしよう……。食べるということは誰にとっても必要不可欠で、日に三度繰り返す日常的な行動。ハレの日はたまにだから特別でワクワクするのであって、毎日がお祭り状態では心も体も疲れ切ってしまうでしょう。

私たちは今こそ「ハレとケ」がある意味を考え直すタイミングを迎えているのではないでしょうか。

ハレとケ。日常と非日常。圧倒的に多くの時間が日常で、非日常はごく限られた特別な時間だからこそ「非」日常であるはずです。家で作って家で食べる。その当たり前でごく普通の食事を明るく穏やかな心で丁寧に整えることで、人生の多くの部分を占める「普通の毎日」を豊かなものにすることができるのではないか。

そんな思いから、ぜひ精進料理を知ってもらいたいと考えるようになりました。

疲れの溜《た》まりがちな現代人の体を、野菜中心の料理で癒やしてもらいたい。野菜ひとつ洗うだけでも、そこにある仏様のおしえに触れることで頭の中をスッキリさせてもらいたい。食にまつわる数え切れないほどの「つながり」に気づき、人生への感謝を思い起こしてもらいたい。

誰と何を競うでもない、「ただ作って」「ただ食べる」という単純な行いにこめられた豊かさを知り、日々小さな喜びを積み重ねてほしい。

この本にはそんな思いをこめました。

肉や魚を使わない、だけではない精進料理の世界をどうぞお楽しみください。

愛用している調理道具

料理を作るときになくてはならない、愛用の道具たち。
長年使い続けて手になじむものばかりです。
そのほとんどは、私が暮らす浅草のご近所、
調理道具で有名な「かっぱ橋道具街」で見つけました。

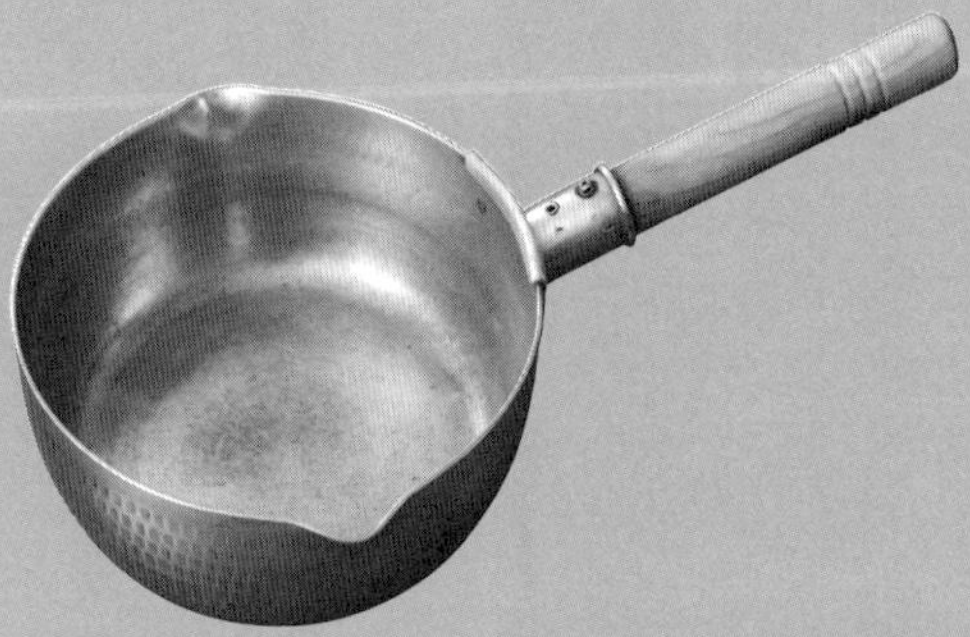

雪平鍋

30年以上使い続けている鍋です。木製の持ち手部分は何度も取り替えながら使っていますが、鍋自体は、一生をともにする相棒になりそうです。直径21㎝。

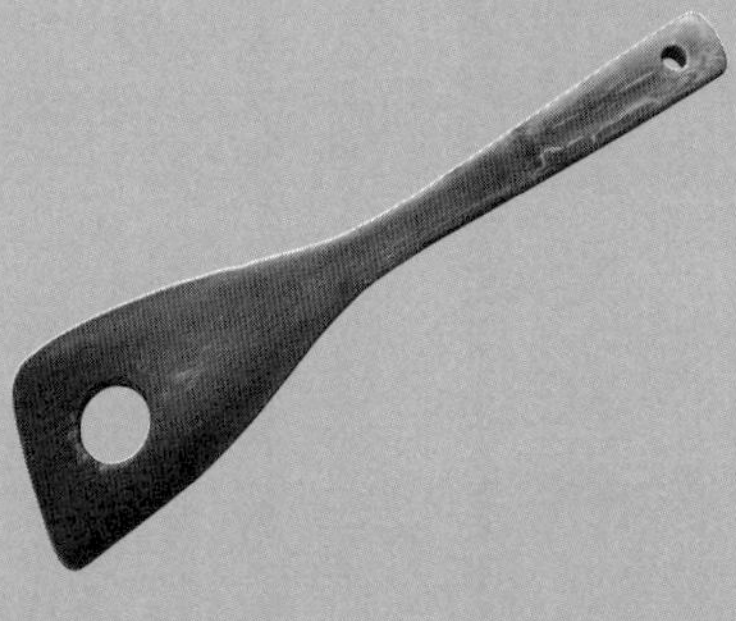

木べら

ごま豆腐やわらび餅などを、長年練り続けてきた木べら。使い続けるうちに少しずつすり減って、先端の角の形が鍋底の曲線にジャストフィットするようになりました。替えのきかない愛用品です。

すりこ木とすり鉢

20年ほど前に旅行で訪れた、伊豆のそば屋さんで見つけたすりこ木。材料は山椒の木で堅く、長年の使用に耐えています。旅の思い出とともに大切にしたい道具です。すり鉢はかっぱ橋道具街で買ったもの。

包丁とまな板

包丁は母から譲り受けたもの。毎日のように研いでいるので刃が初めの2/3ほどになってしまいましたが、まだまだ現役です。まな板は耐久性の高い合成樹脂素材。木のようなあたりの柔らかさで、包丁を傷めにくいところが気に入っています。漂白剤を使えるので衛生面も安心。

炊飯用土鍋

誕生日に妻がプレゼントしてくれた信楽・雲井窯のもの。土鍋だと簡単においしくご飯が炊けます。保湿性が高いので、冷めてもおいしくいただけるのが嬉しいところです。3合炊き。

ごまいり器

ごまをいると香りがぐっと引き立ちますが、あちこち飛び散るのが困りものでした。これはふたがついているので、ごまが飛び散らずストレスフリーに。重宝しています。10年ほど前にかっぱ橋道具街で購入。

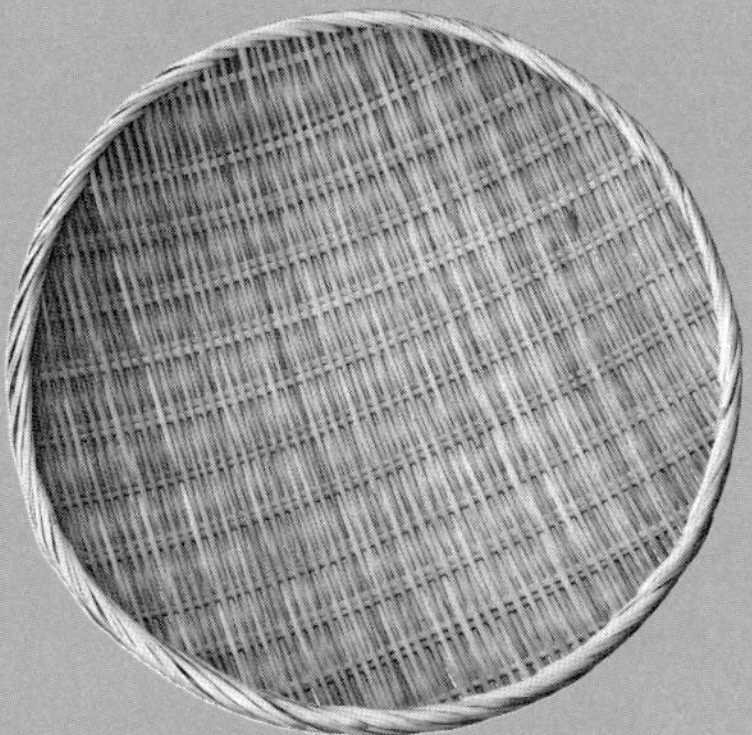

盆ざる

意外と活躍する、このタイプの平たいざる。野菜を干すだけでなく、毎日の料理で使う食材を並べておく場所としても便利です。毎年時期になると、梅を並べて干すのにも使います。

おわりに

コロナ禍が明け、私のお寺のある浅草は海外からの旅行客で大変な賑《にぎ》わいを見せています。

訪日外国人の数が増えているのは事実で、海外からの客足が「戻った」とする記事も目につきます。

ただ、以前の状態に戻っただけでなく、「変化した」と感じるポイントもあります。それは、以前は海外との行き来が旅行や一時的な仕事などで「お邪魔する」というものだったのが、海外を自分の居場所にする人が増えたということ。同時に、自分の居場所を定めない、定めることにこだわらない人が増えたということ。

実際コロナ禍を経て、友人の何人かが東京を離れました。海外での暮らしを始めた人もいます。しかし、オンラインを通じて以前と同じようにおしゃべりをし、仕事の打ち合わせもします。

ベースを一か所に決めてときどき他の地域にお邪魔するというのではなく、世界中のどこでも仕事をし、生きることが選べるようになりました。物理的にも精神的にも、海外との距離が近くなったことを実感します。それはつまり、多様なバックグラウンドを持つ人々が気軽に付き合える環境が整ったことを意味しています。

そんな中、日本人として、そして寺の僧侶として考えるのは、日本の良さ、仏教の良さを伝えるのは、もはや世界中の人々が対象なのだということです。

「はじめに」でも書いたように、世界にはハラルなど特定の食品しか口にすることができない人が多くいます。そんなとき、精進料理であれば皆に安心して食べてもらうことができます。精進料理に課せられた制限は、束縛ではなくむしろ解放。たまたま同じ時代、同じ場所で出会った多様な人々が、国や宗教などの違いを超えて

「同じ釜の飯を食う」仲間となれる、精進料理はまさにフードダイバーシティの申し子なのです。

私には夢があります。
世界中の人が同じ釜の飯を食べること。笑顔で同じ食卓を囲むこと。
なんと平和で幸せな想像であることでしょう。
それを実現する力が、精進料理にはあると信じます。

最後に、この本を作るにあたってお世話になった方々に心からの感謝を。
年齢も職業も性別も（もしかしたら信仰も）違う者同士でひとつの本を作りあげた日々は、本当に幸せな時間でした。ありがとうございました。

青江覚峰（あおえ・かくほう）

1977年東京都生まれ。浄土真宗東本願寺派湯島山緑泉寺住職。米国カリフォルニア州立大学にてMBA取得。料理僧として料理、食育に取り組む。ブラインドレストラン「暗闇ごはん」代表。超宗派の僧侶によるウェブサイト「彼岸寺」創設メンバー。ユニット「料理僧三人衆」の一人として講演会「ダライ・ラマ法王と若手宗教者100人の対話」などで料理を振る舞う。著書に『お寺ごはん』（ディスカヴァー・トゥエンティワン）、『ほとけごはん』（中公新書ラクレ）、『お寺のおいしい精進ごはん』（宝島社）など。

https://www.ryokusenji.net/kaku/
https://www.instagram.com/kakuhoaoe_nakamichi0316/
https://www.umamiinfo.jp/plant-based/2023/02/vol1.html

ブックデザイン __ 米持洋介（case）
撮影 __ 長尾明子（minokamo）
スタイリング __ さくらいしょうこ
調理アシスタント __ 有藤加奈子
編集・構成 __ 本城さつき
編集担当 __ 井上留美子

野菜、豆、発酵食品がたっぷりとれる
毎日食べたい いまどき 精進ごはん

青江覚峰

2024年7月18日　第1刷発行

発行人　鈴木善行

発行所　株式会社オレンジページ
〒108-8357
東京都港区三田1-4-28　三田国際ビル
電話　03-3456-6672（ご意見ダイヤル）
03-3456-6676（販売 書店専用ダイヤル）
0120-580799（販売 読者注文ダイヤル）

印刷・製本　TOPPANクロレ株式会社

Printed in Japan

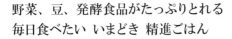